KB266158

언플러그

언플러그
UNPLUG

노동형 지음

　우리는 지금 인류 역사상 가장 화려한 '연결의 시대'를 살고 있습니다.

　잠들기 직전까지 타인의 일상을 훔쳐보고, 알고리즘이 떠먹여 주는 취향을 내 것인 양 소비하며, 손가락 하나로 전 세계의 소식을 실시간으로 확인하죠.

　하지만 이토록 촘촘하게 연결된 세상 속에서, 왜 우리는 그 어느 때보다 더 깊은 허기와 소외감을 느끼는 걸까요?

　이 책 〈언플러그〉는 바로 이 질문에서 시작되었습니다.

　이 책은 단순히 스마트폰을 내려놓자는 디지털 디톡스에 대한 조언을 넘어, 기술이 잠식해버린 우리의 일상에서 어떻게 하면 인간다운 품격과 주체성을 되찾을 수 있을지에 대한 치열한 탐구의 기록입니다.

우리는 지금 '알고리즘의 안락한 감옥'에 갇혀 있습니다.

내 기분이 어떤지조차 AI가 추천한 플레이 리스트에 묻고, 내가 무엇을 먹고 싶은지보다 맛집 앱의 별점에 의존합니다.

나의 선택은 정말 나의 것일까요?

데이터가 읽어내지 못하는 감정의 행간과 효율성이 지워버린 인간적인 여백들이 사라진 자리에는 피로감만이 남았습니다. 24시간 깨어 있는 타인의 시선으로부터 탈출하지 못하는 한, 우리는 영원히 타인의 삶을 부러워하는 관찰자로 남을 수밖에 없습니다.

이제 우리는 무뎌진 감각을 다시 일깨워야 합니다.

매끄러운 유리 액정 너머의 세상은 훨씬 더 입체적이고 선명합니다. 화면 속 보정된 색감이 아닌 진짜 세계의 채도와 명도를 눈에 담고, 노이즈 캔슬링 뒤에 숨겨진 '진짜 침묵'의 무게를 느껴야 합니다. 거친 종이의 질감과 흙의 온도, 내 혀가 직접 기억하는 정직한 허기를 되찾을 때, 비로소 우리는 '지금, 여기'에 존재하게 됩니다. 이것은 마비된 영혼을 되살리는 일종의 감각 재활 훈련입니다.

많은 이들이 혼자 있는 시간을 '외로움'이라는 단어로 치부하며 두려워하곤 합니다.

하지만 스스로 선택한 고립인 '고독'은 자신과 대화할 수 있는 가장 우아한 방법입니다. 지도 앱 없이 길을 잃어보는 용기, 아무것도 하지 않고 멍하니 뇌를 쉬게 하는 권리를 회복할 때 우리는 비로소 깊게 생각하는 법을 배웁니다.

혼자서도 단단히 서 있을 수 있는 사람만이 타인과도 건강하게 연대할 수 있습니다.

'좋아요' 숫자로 측정되지 않는 나의 가치를 발견하고, AI가 요약할 수 없는 비효율적인 수다와 어색한 침묵 속에서 진짜 관계의 온기를 발견하는 것, 그것이 바로 이 시대에 필요한 관계의 품격입니다.

그렇다고 해서 이 책이 아날로그 시대로의 무조건적인

회귀를 주장하는 것은 아닙니다.

우리는 결국 다시 로그인해야 하며, 디지털의 편리함을 누리며 살아가야 합니다.

다만, 이제는 기술의 노예가 아닌 주인으로서의 태도가 필요합니다. 매일 단 한 시간이라도 나를 보호하는 성역을 만드는 '로그아웃 리추얼'을 제안합니다.

아날로그의 영혼을 간직한 채 디지털의 파도를 타는 유목민으로 살아가며, 인공지능이 끝내 복제할 수 없는 당신만의 고유한 '결'을 가꾸어 나가야 합니다.

로그아웃은 세상과의 단절이 아닙니다.

오히려 세상에 휩쓸려 잃어버렸던 나 자신과의 가장 뜨거운 재회입니다. 화면을 끄고 고개를 드는 순간, 당신의 삶은 이전과는 다른 색으로 빛나기 시작할 것입니다.

이 책이 당신의 일상에 작은 틈을 만들고, 그 사이로 고요한 평온이 스며들기를 바랍니다. 다시 로그인할 때는 이전보다 훨씬 더 단단하고 품격 있는 당신이 되어 있기를, 이 책의 마지막 장을 덮는 순간 당신의 진짜 삶이 시작되기를 진심으로 응원합니다.

알고리즘이 모르는 당신의 진심에 대하여

AI 비서가 내 아침 기분을 결정하는 세상

"좋은 아침입니다, 지후 님. 어젯밤 수면 데이터에 따르면 렘 수면이 부족하네요. 오늘은 집중력을 높여줄 비트가 빠른 음악과 약간 산미가 있는 에티오피아 원두를 추천합니다. 아, 오전 10시 미팅 전에는 스트레스 수치를 낮추기 위해 5분간 명상 가이드를 실행할까요?"

눈을 뜨자마자 들려오는 AI 비서 '아리아'의 부드러운 음성. 나의 맥박, 수면 시간, 심지어 전날의 검색 기록까지 분석한 완벽한 '맞춤형 하루'가 눈앞으로 배달됩니다.

실패 없는 점심 메뉴, 막히지 않는 최적의 경로, 내 취향을 저격하는 숏폼 영상들….

2026년의 우리는 더 이상 "오늘 뭐 하지?"라는 고민을 하지 않습니다. 알고리즘이 나의 욕망보다 한 발 앞서 답을 내놓기 때문이죠. 그것은 마치 아주 유능한 집사가 내 영혼의 안락의자를 매 순간 가장 편안한 각도로 조절해 주는 것과 같습니다.

하지만 이상합니다. 모든 것이 최적화되었고 삶의 마찰력은 제로에 가까워졌는데, 마음 한구석은 늘 원인 모를 허기에 시달립니다. 알고리즘이 추천해 준 음악을 들으며 출근하고, AI가 교정한 매끄러운 문장으로 메일을 보내고, 데이터가 검증한 '요즘 뜨는 장소'에서 저녁을 먹어도 문득 이런 의문이 고개를 듭니다.

'오늘 하루 중 진짜 내가 원해서 한 행동은 무엇이었을까? 내 의지로 선택한 감정은 단 하나라도 있었을까?'

우리는 지금 내 기분조차 데이터에 물어봐야 확인받을 수 있는, 기묘한 상실의 시대를 살고 있습니다. 내가 슬픈지, 기쁜지, 혹은 지루한지조차 스마트워치의 그래프가 알려줘야 비로소 안심합니다. 나의 고유한 '감각'이 숫자로 치환되는 사이, 우리는 나 자신을 해석하는 능력을 서서히 잃어가고 있습니다.

'연결되지 않을 권리'는 왜 특권이 되었나

불과 몇 년 전까지만 해도 '연결'은 인류가 도달해야 할 축복이자 진보의 상징이었습니다. 하지만 모든 장소, 모든 기기, 심지어 우리의 무의식까지 서버에 실시간으로 동기화되는 지금, 연결은 거대한 그물이 되어 우리를 옭아매고 있습니다. 우리는 이제 연결된 것이 아니라, 연결에 '포획'당한 상태에 가깝습니다.

단 5분도 스마트폰 없이는 불안해 하고, 누군가의 '좋아요'가 실시간으로 찍히지 않으면 내가 겪은 경험의 가치를 의심합니다. 멋진 풍경을 보아도 내 눈에 담기보다 렌즈를 통해 서버에 전송하기 바쁩니다. 타인의 시선과 끊임없는 시스템의 알림이 내 삶의 작은 빈틈조차 허용하지 않고 빽빽하게 채우고 있습니다. 고요해야 할 침실까지 침투한 수만 가지의 목소리들 속에서, 사람들은 이제 절규하듯 말합니다. "제발 아무도 나를 찾지 않는 곳으로 가고 싶다"고 말이죠.

아이러니하게도 이제 '연결되지 않을 권리'는 값비싼 휴양지의 입장권만큼이나 얻기 힘든 희귀한 특권이 되었습니다. 모든 알림을 끄고, GPS 추적을 차단하며, 알고리즘의 간섭 없이 오롯이 나만의 오감으로 세상을 대면하는 일이 이 시대의 가장 사치스러운 행위가 된 것입니다.

비싼 가방이나 자동차를 소유하는 것보다, 하루 중 몇 시간 동안 완벽하게 '오프라인' 상태로 존재할 수 있는 능력이 그 사람의 삶의 질을 결정하는 척도가 되었습니다. 당신이 이 책을 집어 든 이유도 아마 그 '사치스러운 평온'에 대한 본능적인 갈망, 즉 시스템으로부터 잠시 잊히고 싶다는 영혼의 신호 때문일지도 모릅니다.

로그아웃은 도망이 아니라 '귀환'이다

많은 사람이 로그아웃을 이야기하면 '사회로부터의 고립'이나 '문명을 거부하는 도피'라고 오해하곤 합니다. 혹은 시대를 따라가지 못하는 낙오자의 뒷모습을 떠올리기도 하죠. 하지만 제가 말하는 '로그아웃의 품격'은 전원을 완전히 끄고 깊은 산속으로 들어가는 극단적인 자연주의를 의미하지 않습니다.

오히려 그것은 가장 용기 있고 능동적인 '귀환'입니다. 타인의 추천 시스템과 빅데이터에 맡겨두었던 내 삶의 핸들을 다시 내 손으로 거머쥐는 일이며, 알고리즘이라는 필터가 해석해 주는 가공된 세상이 아닌, 내 맨눈으로 직접 세상을 응시하고 사유하는 일입니다.

화면 속의 화려한 픽셀 너머, 진짜 당신의 심장이 뛰는 속도를 가만히 느껴보세요.

AI 비서는 당신의 다음 구매 목록은 99%의 확률로 맞출 수 있어도, 당신이 창밖의 노을을 보며 왜 갑자기 눈시울이 붉어졌는지, 그 찰나의 서글픔과 환희의 정체는 결코 이해하지 못합니다. 데이터화 할 수 없는 그 미세한 진심, 효율성이라는 잣대로는 설명되지 않는 그 '무용한 감정'이야말로 당신을 당신답게 만드는 마지막 성역입니다.

이제 잠시 연결의 끈을 느슨하게 풀어볼 시간입니다. 팽팽하게 당겨진 데이터의 줄을 놓아줄 때, 비로소 우리는 나 자신과 제대로 마주 앉을 수 있습니다. 이 책의 마지막 장을 덮을 때쯤, 당신은 알고리즘의 정교한 설계보다 훨씬 더 무질서하지만 아름다운 '나만의 감각'을 되찾게 될 것입니다.

세상이 당신에게 무엇을 보라고 소리치든, 당신은 당신이 보고 싶은 것을 선택할 품격을 갖게 될 것입니다.

자, 이제 준비되셨나요? 당신의 품격 있는 로그아웃을 시작합니다.

차례

1장 | **알고리즘의 안락한 감옥**
우리는 왜 혼자가 되지 못하는가

2장 | **감각의 재활**
로그아웃하고 나서야 들리는 것들

3장 | **철학적 단절**
완벽하게 혼자가 되는 기술

4장 | **관계의 재정립**
필터링된 인맥 너머의 온기

5장 | 로그인의 품격
다시 연결될 때 가져가야 할 것들

알고리즘의 안락한 감옥

우리는 왜 혼자가 되지 못하는가

감정 외주화의 시대
내 기분을 AI에게 묻는 사람들

오전 6시 30분. 방 안의 채도가 서서히 올라갑니다. 실제 태양광은 아니지만, 나의 수면 패턴과 생체 리듬에 최적화된 스마트 윈도우가 내보내는 '인공 여명'입니다. 망막이 빛을 감지하기도 전에 손목의 웨어러블 밴드는 미세한 진동으로 맥박을 깨웁니다. 2026년의 아침은 이처럼 정교하게 설계된 '알고리즘의 상냥한 손길'로 시작됩니다.

"좋은 아침입니다, 서윤 님. 어젯밤 깊은 수면은 총

1시간 12분으로, 지난달 평균보다 8% 낮습니다. 혈중 산소 농도와 체온 데이터를 종합해 볼 때, 약간의 피로감이 감지됩니다. 오늘 아침은 명상 가이드보다는 활력을 주는 고강도 스트레칭 3분을 추천합니다."

천장에 매립된 스피커에서 흘러나오는 AI 비서 '에코'의 음성은 다정하다 못해 사려 깊습니다. 나는 눈을 비비며 몸을 일으킵니다.

사실 내가 느끼는 실제 기분은 그리 나쁘지 않은 것 같았지만, 에코가 대시보드에 띄워준 수치화된 데이터—붉은색으로 표시된 '수면 부족' 그래프—를 보는 순간 갑자기 뒷목이 뻐근해지는 기분이 듭니다. '아, 나 오늘 피곤한 상태구나.' 나는 내 몸의 감각 대신 기계의 진단명을 내 상태로 수용합니다.

이것이 바로 우리가 사는 '감정 외주화(Emotional Outsourcing)'의 첫 번째 단계입니다. 인간이 수천 년간 진화시키며 다듬어온 '자기 인식(Self-awareness)'의 능력을 시스템에 양도하는 것이죠. 내가 배가 고픈지, 목이 마른지,

슬픈지, 기쁜지조차 이제는 내면의 성찰이 아니라 외부의 데이터 확인을 통해 공인받아야 하는 시대가 된 것입니다.

편리함이라는 이름의 약탈
선택의 즐거움을 잃다

주방으로 향하자 커피 머신이 이미 작동 중입니다. 오늘의 내 컨디션에 맞춰 카페인 농도와 산미가 조절된 '최적의 한 잔'이 나를 기다립니다. 예전처럼 원두 향을 맡으며 "오늘은 좀 쌉쌀한 게 당기네."라며 고민할 필요가 없습니다. 현대 사회에서 고민은 비용이고, 선택은 스트레스이기 때문입니다.

알고리즘은 그 비용과 스트레스를 대신 지불해 주는 척하면서, 우리에게서 '선택의 즐거움'과 '우연의 발견'을 조용히 앗아갔습니다.

출근 준비를 위해 거울 앞에 서면 스마트 미러 위로 오늘의 일정과 날씨, 그리고 그에 맞는 추천 코디가 증강현실(AR)로 겹쳐집니다.

"오늘 오후 중요한 프레젠테이션이 있네요. 신뢰감을 주는 네이비 톤의 재킷을 추천합니다. 아, 미팅 상대인 김 이사님의 최근 SNS 키워드가 '지속 가능성'인 것으로 분석되었습니다. 환경 친화적 소재의 넥타이를 매는 것이 무의식적인 호감을 사는 데 도움이 될 거예요."

거울 속의 나는 고개를 끄덕입니다.

에코의 조언은 데이터에 기반하므로 언제나 실패가 없으니까요.

하지만 문득 거울 속의 내 눈을 들여다봅니다. 그 눈에는 생경한 무력감이 서려 있습니다. 나의 옷차림, 나의 식사, 나의 말투, 그리고 내가 오늘 가져야 할 '기분'까지 모두 사전에 프로그래밍되어 있습니다. 나는 삶을 '살고' 있는 것일까요, 아니면 잘 짜인 시나리오를 '수행'하고 있는 것일까요?

심리학자들은 이를 두고 '인지적 나태(Cognitive Laziness)'라고 부르지만, 저는 이를 '영혼의 공동화 현상'이라 부르고 싶습니다. 감정을 외부 장치에 맡기기 시작하면서, 우리는 자기 자신과 밀도 있게 대화하는 법을 잃어버렸습니다.

진통제가 되어버린 알고리즘, 허약해지는 자아

예전의 우리는 우울할 때 그 우울의 심연 속으로 스스로 걸어 들어가 보곤 했습니다.
'내가 왜 서운했을까?'
'무엇이 나를 초조하게 만드는가?'
질문을 던지고 답을 찾는 고통스러운 과정 속에서 자아의 근육은 단단해졌습니다.
하지만 지금은 우울함이 센서에 감지되는 순간, AI가 즉각적으로 도파민을 생성할 만한 짧은 영상이나 경쾌한 음악을 처방합니다.

이것은 감정의 원인을 치유하는 것이 아니라, 증상을 억제해 버리는 것입니다. 마치 통증의 원인은 그대로 둔 채 진통제만 계속 삼키는 환자처럼, 우리의 내면은 점점 더 허약해지고 있습니다. 스스로 감정을 다스릴 줄 모르는 우리는 이제 시스템이 꺼지는 순간, 유아기적인 무력감에 빠지게 됩니다.

우리는 편리함을 얻은 대가로 ‘자신을 알 권리’를 포기했습니다. 세상 모든 기기와 연결되어 나의 모든 데이터가 실시간으로 공유되고 있지만, 정작 ‘진짜 나’와는 단절되어 있습니다.

아래의 체크리스트를 통해 당신도 혹시 ‘감정 외주화’의 늪에 빠져 있지는 않은지 확인해 보시기 바랍니다.

☐ 아침에 일어나자마자 내 몸의 컨디션보다 스마트워치의 수면 점수를 먼저 확인한다.

☐ 아침에 일어나자마자 내 몸의 컨디션보다 스마트워치의 수면 점수를 먼저 확인한다.

☐ 슬프거나 우울할 때, 왜 그런지 생각하기보다 일단 유튜브나 SNS를 켠다.

☐ 식당을 고를 때 내 입맛보다 앱의 별점과 리뷰 수가 절대적인 기준이 된다.

☐ SNS에 올릴 사진이 잘 나오지 않으면, 그날의 즐거웠던 경험 전체가 부정당하는 기분이 든다.

☐ AI나 앱의 추천 없이 무언가를 스스로 결정할 때 비정상적인 불안함을 느낀다.

※ 3개 이상 해당한다면, 당신의 감정 주권은 이미 상당 부분 '외주화'되어 있을 가능성이 큽니다.

기계가 읽지 못하는 당신의 행간을 위하여

우리가 다시 '혼자'가 되어야 하는 이유는 명확합니다. 알고리즘이라는 안락한 감옥에서 잠시 걸어 나와야만, 기계의 언어로 번역되지 않는 나의 진심을 만날 수 있기 때문입니다.

오늘 아침, 당신의 기분은 정말 당신의 것입니까?
아니면 알고리즘이 당신에게 하사한 '오늘의 상태'입니까?

이제는 물어야 합니다. 숫자로 표현되지 않는 당신의 갈망, 효율성이라는 잣대로는 버려질 '무용하지만 아름다운' 생각들, 그리고 기계가 결코 읽어내지 못하는 당신 삶의 행간들. 그 수치화되지 않는 진심을 회복하는 것이 우리가 품격 있게 로그아웃해야 할 가장 시급한 이유입니다.

완벽한 관리 속에 숨겨진 근원적인 외로움을 끝내는

법은 간단합니다.

지금 즉시, 시스템이 내린 처방전을 덮고 당신의 가슴에 손을 얹어보는 것입니다. 그곳에서 들리는 불규칙하고도 정직한 박동이야말로 알고리즘이 모르는 당신의 진짜 시작입니다.

추천된 취향, 박제된 일상: 당신의 선택은 정말 '당신의 것'인가

출근길 지하철 안, 풍경은 기이할 정도로 정적입니다.

수백 명의 사람이 같은 공간에 어깨를 맞대고 밀착되어 있지만, 그들의 영혼은 각기 다른 '디지털 섬'에 유배되어 있습니다. 사람들의 엄지손가락은 기계적인 리듬으로 화면을 위로 밀어 올립니다. 0.5초, 혹은 1초. 알고리즘이 던져주는 수많은 미끼 중 하나를 물 것인지, 아니면 다음 미끼로 넘어갈 것인지를 결정하는 데 걸리는 찰나의 시간입니다. 이 거대한 침묵 속에서 우리는 연결되어 있다고 믿지만, 사실은 각자의 화면 속에 고립된 채 시스템이 먹여주는 정보를 수동적으로 받아먹고 있을 뿐입니다.

나 역시 예외는 아닙니다.

스마트폰을 켜자마자 SNS 피드에는 내가 어제 무심코 멈춰 섰던 브랜드의 광고와, 평소 내 정치적 성향을 더욱 견고하게 만들어줄 자극적인 뉴스 영상들이 줄지어 나타납니다.

2026년의 알고리즘은 이제 단순한 통계를 넘어 나의 '심리적 취약점'까지 파악합니다. 내가 외로움을 느낄 때 어떤 톤의 영상을 오래 보는지, 내가 결핍을 느낄 때 어떤 물건을 충동적으로 구매하는지 나보다 더 정확히 알고 있습니다. 알고리즘은 나의 결핍을 위로하는 척하면서, 사실은 그 결핍을 이용해 더 정교한 마케팅의 그물을 짭니다.

우리는 이것을 '개인화(Personalization)'라는 근사하고 다정한 이름으로 부릅니다. 나만을 위한 특별한 서비스처럼 느껴지기 때문이죠.

하지만 냉정하게 말해 이것은 '취향의 가두리 양식'입니다. 드넓은 바다를 유영하며 뜻밖의 먹이를 발견하는 것이 아니라, 누군가 정해진 시간에 던져주는 사료에 길들여지는 물고기처럼, 우리의 안목과 세계관도 일정한 울타리 안에 갇히고 맙니다.

우리가 '자유의지'로 선택했다고 굳게 믿는 것들의 실체를 다시 한 번 들여다봅시다. 점심시간에 고민 끝에 찾아간 '별점 4.9'의 맛집, 주말에 몰아본 '넷플릭스 TOP 10' 시리즈, 서점의 '데이터 기반 추천' 코너에서 무심코 집어든 베스트셀러까지.

우리의 취향은 능동적으로 발견되는 것이 아니라, 거대 자본과 알고리즘이 설계한 좁은 선택지 안에서 '배정' 받고 있는 것에 가깝습니다. 내가 무엇을 좋아하는지 스스로 고민할 기회를 빼앗긴 채, 시스템이 정의한 '나'라는 데이터 값에 맞춰진 삶을 살고 있는 것입니다.

이 과정이 반복될수록 인간의 취향은 점점 더 좁아지고 편협해집니다. 알고리즘은 우리가 '이미 좋아했던 것'과 유사한 것만 반복해서 보여줄 뿐, 우리가 '좋아하게 될지도 모르는 의외의 것'은 효율성이 떨어진다는 이유로 철저히 차단하기 때문입니다.

낯선 장르의 음악에 귀를 기울이며 낯설음이 주는 전율을 느끼거나, 나와 정반대의 의견을 가진 사람의 글을 읽으며 사유의 지평을 넓힐 기회는 거세당합니다. 우리는 각자의 '데이터 감옥' 안에서 비슷한 생각을 가진 사람들끼리 서로의 메아리만 확인하며 점점 더 확증편향에 빠져듭니다.

더 심각한 문제는 이렇게 추천받고 배정받은 일상이 다시 디지털 세상에 '박제'되어야만 비로소 그 가치를 인정받는다는 점입니다. 이제 일상은 그 자체로 충분하지 않습니다. 누군가에게 전시되고 인증되어야만 완성되는 미완의 상태로 존재합니다.

식당에 가면 음식을 맛보기 전에 차가운 카메라 렌즈가 먼저 마중을 나갑니다. 여행지에 도착하면 그곳의 공기를 깊게 들이마시기보다 '가장 사진이 잘 나오는 포토 존'을 찾느라 분주합니다.

2026년의 일상은 향유되는 것이 아니라 전시됩니다. 내가 무엇을 느끼느냐보다 타인에게 어떻게 보여지느냐, 그리고 시스템이 부여하는 '좋아요'와 '공유' 숫자가 얼

마냐에 따라 내 경험의 성패가 매겨집니다.

"이 카페, 사진빨 정말 잘 받네."

"여기 가봤다는 인증샷 하나는 남겨야지."

이런 대화 속에서 '나'라는 주체는 서서히 증발합니다. 남들이 좋다고 하는 것을 나도 좋아해야 한다는 강박, 그리고 그것을 세련되게 증명해내야 한다는 피로감이 우리를 지배합니다. 나의 진심 어린 선호가 아니라, 타인의 시선과 알고리즘의 기준에 최적화된 '가짜 취향'들이 타임라인을 가득 채웁니다. 이렇게 박제된 일상들이 쌓여갈수록 우리는 점점 더 공허해집니다. 화려한 픽셀로 꾸며진 온라인의 페르소나는 완벽해지지만, 그 뒤에 숨은 실질적인 삶은 빈껍데기처럼 말라가기 때문입니다.

우리는 이제 스스로에게 뼈아픈 질문을 던져야 합니다.

"만약 내 손안의 기기가 영원히 꺼지고, 아무도 내 일상을 들여다보지 않는다면, 나는 여전히 이 음식을 맛있게 먹을 것인가? 아무런 인증샷을 남길 수 없어도 나는 여전히 이 길을 걸을 것인가?"

당신의 선택이 정말 당신의 것인지 확인하고 싶다면, 잠시 알고리즘의 상냥한 손을 놓아야 합니다. 타인의 시선이라는 눈부신 조명을 끄고, 어두운 방 안에서 홀로 희미하게 빛나는 나만의 작은 불빛을 찾아야 합니다.

남들이 정해 준 '트렌드'라는 궤도를 이탈해, 조금은 촌스럽고 서툴더라도 내가 진짜로 반응하는 감각에 집중해 보세요. 박제된 일상의 껍데기를 깨고 나올 때, 비로소 '나'라는 고유한 결이 숨을 쉬며 당신만의 진짜 인생이 시작될 것입니다.

데이터가 읽지 못하는 행간
효율성이 지워버린 인간의 여백

내 2026년의 오피스는 기이한 정적 속에 분주합니다.

사람들의 손가락은 키보드 위를 쉴 새 없이 날아다니지만, 정작 입술은 굳게 닫혀 있습니다. 모든 업무 소통은 AI 협업 툴인 '플로우Flow'를 통해 이루어지기 때문입니다.

내가 머릿속에서 방금 꺼낸 거칠고 투박한 초안은 AI의 손길을 거쳐 단 0.1초 만에 가장 세련되고 정중한 비즈니스 문체로 탈바꿈합니다. 오타는 교정되고, 감정의 과잉은 절제되며, 핵심 논리는 정교해집니다.

"이 정도면 완벽해."

우리는 명실상부 효율의 정점에 서 있습니다.

예전 같으면 서너 시간이 걸렸을 기획안 작성이 이제는 커피 한 잔을 마시는 사이 끝납니다. 하지만 이 압도적인 효율성의 파티가 끝난 뒤, 우리는 무언가 아주 소중한 것을 잃어버리고 있다는 서늘한 기분을 느낍니다. 바로 문장과 삶 사이에 존재하는 '행간行間'입니다.

행간이란 문장과 문장 사이에 숨겨진 숨결입니다.

상대의 메일 속에서 느껴지는 미묘한 망설임, 회의실 문을 열고 들어올 때 느껴지는 동료의 지친 기색, 그리고 농담 섞인 말 한마디에 담긴 진심 같은 것들 말이죠.

2026년의 데이터 기반 소통 시스템은 이런 '비정형 데이터'를 불필요한 노이즈Noise로 간주하고 과감히 삭제합니다. AI는 내가 '무엇을' 전달해야 하는지는 정확히 짚어내지만, 내가 그 말을 전할 때 왜 손끝을 떨었는지, 왜 그 단어를 선택하기까지 그토록 오래 머뭇거렸는지는 이해하지 못합니다. 효율성이라는 날카로운 칼은 인간관계의 마찰력을 줄여 주었지만, 동시에 우리가 서로의 온기를 느낄 수 있는 접촉면까지 매끄럽게 깎아버렸습니다.

'무용한 시간'을 견디지 못하는 현대인의 병

우리는 이제 '무용한 시간'을 견디지 못하는 병에 걸렸습니다.

업무 사이의 5분, 엘리베이터를 기다리는 30초, 약속 장소에 먼저 도착해 친구를 기다리는 그 짧은 여백조차 우리는 '정보'로 채워야만 안심합니다. 멍하니 창밖을 보거나 혼자만의 생각에 잠기는 시간은 데이터 세계에서 '손실'이자 '낙오'로 취급됩니다.

잠시라도 스마트폰을 꺼내지 않으면 세상의 흐름에서 영원히 뒤처질 것 같은 공포(FOMO, Fear Of Missing Out, 다른 사람은 모두 누리는 좋은 기회를 놓칠까봐 걱정되고 불안한 마음)가 우리를 지배합니다.

하지만 인류의 위대한 통찰은 언제나 그 '무용한 여백'

에서 태어났습니다.

뉴턴의 사과는 분, 초를 다투는 스케줄링 사이에서 떨어진 것이 아니며, 아르키메데스의 '유레카'는 데이터 분석 리포트 안에서 튀어나온 것이 아닙니다. 아무것도 하지 않는 시간, 알고리즘이 나를 찾지 못하는 그 진공 상태의 시간 속에서만 뇌는 비로소 '나만의 사유'를 시작합니다. 여백이 없는 삶은 숨구멍이 막힌 유령선과 같습니다.

우리가 효율성에 집착할수록, 우리는 점점 더 예측 가능한 존재가 되어갑니다. 데이터는 과거의 패턴을 복제할 뿐, 미래의 파격을 만들어내지 못합니다. 당신의 삶에서 여백이 사라진다는 것은 곧 당신의 삶에서 '의외성'과 '경이로움'이 사라지고 있다는 뜻이기도 합니다. 모든 것이 계획되고 최적화된 하루에 과연 어떤 기적이 끼어들자리가 있을까요?

[체크리스트]
내 삶의 '인간적 여백' 점검하기

☐ 엘리베이터를 기다리는 동안 단 10초도 스마트폰을 보지 않고 참기 힘들다.

□ 길을 잃거나 헤매는 시간을 견디지 못해 무조건
　최단 경로 지도 앱에 의존한다.
□ 메신저 답장이 1분만 늦어도 상대방의 의도를 의
　심하거나 불안해한다
□ 아무것도 하지 않는 시간'을 가질 때 죄책감이 들
　거나 불안하다.
□ SAI가 요약해 준 책 요약본이나 영상 리뷰만 보고
　내용을 다 안다고 믿는다.

※ 3개 이상 체크했다면, 당신의 삶은 지나치게 '데이터
화'되어 여백이 시급한 상태입니다.

여백, AI가 침범할 수 없는 인간만의 영토

데이터가 읽어내지 못하는 당신만의 행간을 지켜내야
합니다. 때로는 일부러 비효율적인 길을 택해 보고, 결론
없는 대화에 몸을 맡기며, 아무런 정보도 주지 않는 정적
속에 머물러야 합니다.

효율적인 소통이 '정보의 교환'이라면, 행간이 있는 소통은 '마음의 나눔'입니다. AI는 결코 흉내 낼 수 없는 인간만의 고유함은 바로 그 비효율성과 불확실성에서 나옵니다. 쓸모없는 농담, 목적 없는 산책, 이유 없는 눈물이야말로 우리가 기계가 아님을 증명하는 가장 강력한 증거입니다.

로그아웃의 품격은 바로 이 '여백'을 스스로 설계하는 능력에서 나옵니다.

세상이 당신에게 더 빨리, 더 정확히, 더 많이 생산하라고 다그칠 때, 잠시 멈춰 서서 "아니, 나는 지금 이 여백을 즐기겠어."라고 말할 수 있는 용기가 필요합니다. 그 여백이야말로 AI가 끝내 침범할 수 없는, 인간만의 고유한 영토이자 당신의 진정한 자아가 숨 쉬는 유일한 장소이기 때문입니다.

연결의 과부하

24시간 깨어 있는

타인의 시선으로부터 탈출하기

밤 11시, 침대에 누워 불을 껐지만 방 안은 여전히 어스름한 푸른빛으로 가득합니다. 머리맡의 스마트폰은 쉼 없이 진동하며 자신의 존재감을 과시하죠. 누군가의 SNS 업데이트 알림, 업무용 메신저 위에 떠 있는 지워지지 않는 빨간 숫자, 그리고 내가 구독한 채널의 실시간 라이브 소식까지….

2026년의 밤은 결코 어둡지 않습니다. 아니, 어두워질 기회를 얻지 못합니다.

우리는 인류 역사상 가장 '외롭지 않은 시대'를 살고 있지만, 역설적으로 가장 '홀로 있지 못하는 시대'를 살고 있습니다. 이제 연결은 더 이상 선택사항이 아닙니다. 모든 장소, 모든 기기, 심지어 우리의 무의식까지 서버에 실시간으로 동기화되는 지금, 연결은 축복이 아니라 거대한 그물이 되어 우리를 옭아매고 있습니다. 잠들기 직전까지 우리는 타인의 일상을 훔쳐보고, 나의 가치를 숫자로 확인받으려 애쓰며 영혼의 에너지를 소진합니다.

스스로 들어간 원형 감옥, 디지털 파놉티콘

심리학자들은 현대인이 겪는 이 고통을 '디지털 파놉티콘 Digital Panopticon'이라 부릅니다. 본래 파놉티콘은 중앙의 감시탑에서 모든 죄수를 한눈에 볼 수 있도록 설계된 원형 감옥을 뜻합니다. 죄수는 감시자가 자신을 보고 있는지 알 수 없기에 스스로를 검열하게 되죠.

과거의 감옥과 지금 우리가 처한 상황의 결정적인 차

이는 하나입니다. 이 감옥은 간수가 강제로 가둔 것이 아니라, 우리가 제 발로 들어와 스스로 문을 잠갔다는 점입니다. 우리는 24시간 내내 연결되어 있기를 자처하며, 타인의 시선이라는 보이지 않는 감시탑 아래 자신의 일거수일투족을 노출시킵니다. 맛있는 음식을 먹을 때도, 멋진 풍경을 볼 때도 '나의 만족'보다 '남들의 반응'을 먼저 계산하는 순간, 우리는 이미 그 감옥의 성실한 수수가 된 셈입니다.

"지금 나만 뒤처지고 있는 건 아닐까?"

"모두가 저렇게 행복하고 앞서나가는데, 왜 나만 제자리걸음일까?"

연결이 끊기는 순간 느껴지는 공포와 불안감, 이른바 '포모(FOMO, Fear of Missing Out)'는 우리를 더욱 깊은 중독으로 몰아넣습니다. 타인의 정제된 '하이라이트 장면'과 나의 가공되지 않은 '비하인드 씬'을 끊임없이 비교하며 스스로를 갉아먹는 행위. 이것은 과잉 연결이 우리 영혼에 가하는 가장 치명적인 폭력입니다.

단절의 공포 뒤에 숨은 진짜 얼굴

우리는 왜 그토록 단절을 두려워할까요?

그 이면에는 혼자가 되었을 때 마주하게 될 '진짜 나'의 모습이 너무나 낯설고 두렵기 때문이라는 심리가 깔려 있습니다. 쉼 없이 쏟아지는 알림과 소음은 우리가 자신에게 던져야 할 본질적인 질문들—'나는 지금 행복한가?', '나는 어디로 가고 있는가?'—로부터 도망치게 만드는 아주 훌륭하고 안락한 도피처가 되어줍니다.

하지만 분명히 알아야 할 사실이 있습니다. 진정한 성장과 치유는 오직 '타인의 시선'과 '데이터의 간섭'이 완전히 소거된 고요 속에서만 일어난다는 점입니다. 관객이 없는 무대 위에서 비로소 배우가 자신의 민낯을 마주하고 호흡을 가다듬듯, 우리도 연결의 끈을 과감히 놓아버릴 때 비로소 내가 진정으로 누구인지, 무엇을 갈망하는지 선명하게 깨달을 수 있습니다.

☐ 알림이 오지 않았는데도 스마트폰이 진동한 것 같은 환청 (유령진동증후군)을 느낀다 .

☐ SNS에 올릴 사진이 없는 외출은 왠지 시간 낭비처럼 느껴 진다.

☐ 스마트폰 배터리가 10% 미만이 되면 호흡이 가빠지거나 극도의 불안을 느낀다.

☐ 대화 중인 상대방보다 화면 속 모르는 이들의 소식에 더 빨 리 반응한다.

☐ 화장실에 갈 때나 짧은 이동 중에도 반드시 스마트폰을 손 에 쥐어야 한다 .

※ 3개 이상 해당한다면, 당신은 타인의 시선에 의해 에너지가 방전된 '연결 과부하' 상태입니다.

나만의 성소(Sanctuary)를 찾아서

로그아웃은 세상에 대한 거부나 패배가 아닙니다. 그것은 나 자신에 대한 가장 뜨거운 긍정입니다. 24시간 깨어 있는 타인의 시선으로부터 탈출하여, 그 누구도 침범할 수 없는 나만의 성소로 들어가는 용기 있는 결단입니다.

전원을 끄고 통신망을 차단하는 순간, 당신을 가두고 있던 보이지 않는 감옥의 문은 열립니다. 그리고 그 문밖에는 알고리즘이 결코 설계할 수 없고, 타인의 '좋아요'가 미치지 못하는 눈부신 고독의 길이 펼쳐져 있습니다. 그 고요한 길을 묵묵히 걷는 사람만이 타인과 섞여 있으면서도 휩쓸리지 않는 단단한 자아를 가질 수 있습니다.

이제 스스로에게 휴가를 허락하십시오.
타인의 타임라인에서 빠져나와 당신만의 시간을 흐르게 하십시오. 그 고독의 길 위에서 비로소 당신은 '로그아웃의 품격'이 무엇인지 몸소 체험하게 될 것입니다.

2장

감각의 재활

로그아웃하고 나서야 들리는 것들

시각의 회복

스크린 밖, 무보정 세계의 채도와 명도

2026년의 인류는 역사상 그 어느 때보다 '선명한' 세계를 보고 있습니다.

손바닥 안의 작은 기기는 이미 8K를 넘어선 초고해상도의 픽셀로 가득 차 있고, 망막에 직접 투사되는 증강현실(AR) 렌즈는 현실 위에 화려한 정보의 꽃을 피웁니다.

AI는 실시간으로 세상의 채도를 높이고 명암을 조절하죠. 흐린 날의 풍경도 렌즈를 투과하면 마치 명작 영화의 한 장면처럼 드라마틱한 색채로 변모합니다.

우리는 이제 사물을 '보여지는 대로' 보는 것이 아니

라, '알고리즘이 보정한 대로' 세상을 감상하는 데 익숙
해졌습니다.

하지만 이토록 완벽하고 선명한 시각적 풍요 속에서,
역설적으로 '눈의 영혼'은 말라가고 있습니다. 스크린이
내뿜는 빛은 직진성이 강하고 차갑습니다. 인공적인 블
루라이트에 장시간 노출된 눈은 미세한 빛의 떨림이나
부드러운 농담濃淡을 구별하는 능력을 점차 잃어갑니다.

무엇보다 큰 비극은 우리가 '무보정 세계'를 지루하게
여기기 시작했다는 점입니다. 필터를 거치지 않은 실제
노을이 SNS 속 보정된 사진보다 생경하게 느껴지거나,
안개가 자욱한 산책로의 회색빛이 답답하게 느껴진다면
그것은 이미 시각의 중독이 심각한 단계에 이르렀다는
증거입니다. 우리는 실제의 아름다움보다 수치화되고 가
공된 화려함에 더 큰 쾌감을 느끼는 '시각적 마비' 상태
에 빠져 있습니다.

초점의 거리를 회복하는 일, 입체적 삶으로의 초대

로그아웃은 감겨 있던 제3의 눈을 뜨는 행위입니다. 화면을 끄고 고개를 들어 허공을 응시할 때, 비로소 세상의 '진짜 얼굴'이 드러납니다. 그것은 기계가 흉내를 낼 수 없는 불완전하고도 숭고한 빛의 향연입니다.

시각의 재활을 위해 가장 먼저 해야 할 일은 '초점의 거리'를 회복하는 것입니다. 스크린 세계에서 우리의 시선은 늘 30센티미터 앞의 고정된 평면에 갇혀 있습니다. 평면적인 세상에 길들여진 눈은 깊이를 상실합니다.

하지만 로그아웃한 뒤 마주하는 세계는 광활하고 입체적입니다. 멀리 산등성이에 걸린 구름의 거리감, 나뭇잎 사이로 부서져 내리는 햇살의 각도, 길가에 핀 작은 풀꽃의 복잡한 기하학적 구조를 응시해 보십시오.

이때 중요한 것은 어떤 정보도 찾으려 하지 않는 '무목적적 관찰'입니다. 꽃의 이름을 검색하거나, 이 풍경이 몇 점짜리 피드일지 평가할 필요는 없습니다. 그저 빛이 사물의 표면에 머물다 튕겨 나가는 그 찰나의 순간을 눈

으로 쫓는 것만으로도, 퇴화하던 시각 근육은 다시 살아
나기 시작합니다.

☐ 눈앞의 아름다운 풍경을 볼 때, 감상보다 '사진이 잘
나올까?'를 먼저 생각한다.

☐ 스마트폰 없이 창밖을 5분 이상 응시하는 것이 불안하
거나 지루하다.

☐ 실제 자연의 색감보다 화면 속 필터가 적용된 색감이
더 '진짜'처럼 느껴진다.

☐ 먼 산이나 먼 곳의 건물에 초점을 맞추는 일이 어색하
고 눈이 침침하다.

☐ 밤에 불을 끈 뒤에도 스마트폰의 인공광 없이는 잠들
기 힘들다.

※ 3개 이상 해당한다면, 당신의 시각은 '픽셀의 감옥'에
갇혀 재활이 시급한 상태입니다.

불완전한 빛이 주는 현존의 감동

스크린 밖의 세계는 알고리즘처럼 친절하지 않습니다. 채도는 낮고 명암은 불규칙합니다. 때로는 눈을 찌푸려야 할 만큼 눈부시고, 때로는 아무것도 보이지 않을 만큼 어둡습니다. 하지만 이 '불편한 시각적 경험' 속에 삶의 진실이 있습니다.

인공지능이 매끄럽게 지워버린 세상의 거친 질감을 다시 읽어내야 합니다. 세월의 풍파를 견딘 낡은 벽돌의 균열, 사랑하는 이의 눈가에 새겨진 깊은 주름의 행간을 응시하십시오. 그것은 데이터가 읽어내지 못하는 한 인간의 역사이며, 가공되지 않은 생의 민낯입니다. 이런 '무보정의 진실'을 대면할 때 우리는 비로소 '현존(Presence)'을 경험합니다.

데이터화된 색채는 뇌에 정보를 전달할 뿐이지만, 무보정 세계의 빛은 심장에 감동을 전달합니다. 화면 속에서는 결코 느낄 수 없는, 대기 중의 습도가 빛을 산란시

켜 만드는 그 몽환적인 원근법을 발견해 보세요. 비 온 뒤 젖은 아스팔트 위로 비치는 가로등의 일렁임은 픽셀이 결코 담을 수 없는 생동감을 품고 있습니다.

이제 빛의 노예에서 벗어나 빛의 목격자가 되어야 합니다.

스마트폰의 밝기를 낮추는 대신, 당신의 시력을 세상의 낮은 곳과 먼 곳으로 돌려야 합니다. 눈을 피로하게 만들던 화려한 픽셀의 잔상이 사라진 자리에, 수만 년 동안 변하지 않았던 태고의 빛이 차오를 것입니다.
아침의 서늘한 청색, 정오의 눈부신 백색, 그리고 저녁의 타오르는 오렌지색….
이 정직한 빛의 흐름에 시선을 맡길 때, 당신의 영혼은 비로소 휴식을 얻습니다. 그것이 바로 로그아웃한 자만이 누릴 수 있는 시각의 품격이자 재활의 완성입니다.

화이트 노이즈와
AI 음악 뒤에 숨겨진 '진짜 침묵'

2026년의 도시는 겉보기에 무척 평화롭고 고요합니다. 하지만 그 고요의 실체를 들여다보면 적막이 아니라 거대한 '소리의 통제'가 만들어낸 인공적인 정적임을 알 수 있습니다. 길을 걷는 사람들의 귀에는 예외 없이 초소형 무선 이어폰이 박혀 있고, 그들의 고막은 실시간으로 생성되는 '노이즈 캔슬링Noise Canceling' 파동에 의해 철저히 보호받습니다.

도시의 비명 같은 급정거 소리, 타인의 거친 숨소리, 신

경을 긁는 공사장의 마찰음은 기술이라는 거름망을 거치
며 매끄럽게 걸러집니다. 그 빈자리를 채우는 것은 AI가
사용자의 심박수와 뇌파를 분석해 실시간으로 작곡해내
는 '맞춤형 엠비언트 사운드'입니다.

우리는 이제 소리를 '듣는' 것이 아니라 '섭취'합니다.
부족한 비타민을 챙겨 먹듯 그날의 기분에 맞는 소리
를 골라 귀에 주입하죠. 집중력이 필요할 때는 알파파를
유도하는 저주파를, 휴식이 필요할 때는 빗소리를 모방
한 화이트 노이즈를 혈관에 주사하듯 흐르게 합니다.
2026년의 청각은 철저히 효율과 기능에 종속되어 있
습니다. 불쾌한 소음으로부터 자신을 완벽하게 격리한
채 가장 쾌적한 상태를 유지하는 것, 그것이 현대 청각
문화의 정점이자 매너로 통용됩니다.
그러나 이 완벽한 '소리의 온실' 안에서 우리는 치명적
인 부작용을 겪고 있습니다. 바로 침묵을 견디는 능력을
상실했다는 점입니다.

소리의 과잉 섭취, '청각적 비만'에 걸린 사람들

진정한 의미의 침묵은 아무 소리도 들리지 않는 진공 상태가 아닙니다. 그것은 인위적인 개입을 멈추었을 때 비로소 들려오는 '세상의 본연적 소리'들과 대면하는 상태를 말합니다.

하지만 현대인에게 이어폰을 빼고 마주하는 날것의 공기는 공포에 가깝습니다. 소리의 공백이 생기는 찰나, 뇌는 즉각적으로 불안을 감지하고 무엇이든 채워 넣으라고 명령합니다. 팟캐스트의 수다, 음악, 유튜브의 자극적인 오디오….

무엇이든 들어야만 안심하는 '청각적 과잉' 상태는 우리를 자아로부터 멀어지게 만듭니다.

외부의 소리가 잠시도 멈추지 않는다는 것은, 내면의 목소리가 터져나올 틈이 없다는 뜻이기도 합니다. 우리는 소음으로 소음을 덮으며, 진짜 내가 하고 싶은 말이 무엇인지 들을 기회를 스스로 박탈하고 있습니다.

☐ 집에 돌아오자마자 TV를 켜거나 유튜브를 재생해 '배경 소음'을 만든다.

☐ 이어폰을 깜빡하고 외출했을 때, 세상이 무너진 것 같은 불안감을 느낀다.

☐ 대화 중 3초 이상의 정적이 흐르면 견디지 못하고 아무 말이나 내뱉는다.

☐ 잠들기 직전까지 ASMR이나 수면 유도 음악 없이는 잠들지 못한다.

☐ 카페에서 음악이 나오지 않으면 집중력이 떨어지고 초조해진다.

※ 3개 이상 해당한다면, 당신은 소리 없이는 단 1분도 견디지 못하는 '청각적 중독' 상태입니다.

로그아웃, '심심한 소리'의 가치를 복원하는 일

로그아웃의 두 번째 단계는 바로 이 청각적 과잉에서 벗어나 '심심한 소리'의 가치를 복원하는 일입니다. 귀에서 기기를 떼어내는 순간, 세상은 당황스러울 정도로 시끄럽고 무질서하게 다가옵니다. 하지만 그 무질서를 견뎌내며 청각의 근육을 이완시키다 보면, 이전에는 한 번도 인지하지 못했던 '소리의 층위'가 느껴지기 시작합니다.

가장 먼저 들리는 것은 자신의 신체가 내는 아주 작고 세밀한 소리들입니다.

옷깃이 목덜미에 스치는 바스락거림, 침을 삼킬 때의 미묘한 파열음, 그리고 가슴 깊은 곳에서 일정하게 울리는 심장 박동. 인공 소음에 가려져 있던 이 원초적인 리듬들은 '내가 지금 이곳에 살아 있음'을 증명하는 가장 강력한 신호입니다. AI가 분석한 수치상의 심박수가 아니라, 귓전에서 직접 울리는 생명의 박동을 느낄 때 우리는 비로소 데이터가 아닌 생명체로서의 자신을 자각하게 됩니다.

이어 시선은 창밖이나 거리로 향합니다. 노이즈 캔슬링이 지워버렸던 소리들 속에는 수많은 서사가 숨어 있습니다. 바람이 나뭇잎을 훑으며 내는 서걱거림은 계절의 건조함을 알려주고, 멀리서 들려오는 이름 모를 새의 지저귐은 생태계의 질서를 암시합니다.

2026년의 AI는 빗소리를 99% 완벽하게 재현할 수 있지만, 실제 빗방울이 유리창의 먼지를 씻어내며 내는 불규칙하고도 경쾌한 타격음의 생동감까지 담아내지는 못합니다. 진짜 소리에는 '의외성'이 있고, 그 의외성은 우리의 뇌를 잠에서 깨워 활성화합니다.

침묵은 창의성의 인큐베이터

침묵의 시간을 복원한다는 것은 곧 '생각의 행간'을 확보하는 것과 같습니다.

배경음악 없이 걷는 30분 동안, 뇌는 비로소 외부의 정보를 처리하는 노동에서 해방되어 내부의 기억과 감정을 정리하기 시작합니다. 아무런 정보도 유입되지 않는 '심심한 시간'이야말로 창의성이 싹트는 인큐베이터입니다. 멍하니 소리의 여백을 즐기다 보면, 억지로 짜내려 할 때는 나오지 않던 아이디어가 불쑥 고개를 듭니다. 그것은 알고리즘의 추천이 아닌, 내면의 깊은 우물에서 길어올린 나만의 고유한 생각입니다.

또한, 청각의 재활은 타인과의 관계를 재정립하게 합니다. 진정한 경청은 소리뿐만 아니라 상대의 '호흡'까지 읽어내는 일입니다. 목소리의 떨림, 말 사이의 긴 침묵, 감정이 격해졌을 때의 거친 숨소리 같은 것들은 고성능 마이크와 보정 기술이 결코 담아내지 못하는 인간미의 핵심입니다. 기계를 통하지 않은 생목소리의 파동을 고스란히 받아들이는 경험은, 데이터로 요약된 메시지를 읽는 것과는 비교할 수 없는 정서적 충만함을 줍니다.

이제 의도적으로 침묵의 공간을 마련해야 합니다.

하루 중 단 한 시간만이라도 모든 인공의 소리를 소거하고 세상의 민낯과 대면하는 리추얼이 필요합니다. 그것은 고립이 아니라 풍요로의 초대입니다.

찻잔에 물을 따르는 소리, 종이 위를 지나가는 연필의 사각거림, 밤이 깊어갈 때 들리는 냉장고의 낮은 웅웅거림까지. 이 사소하고 무용한 소리들이 모여 우리의 삶을 입체적으로 구성하고 있었다는 사실을 알게 될 때, 청각의 로그아웃은 비로소 완성됩니다.

외부의 소음이 잦아들 때 비로소 들리는 내면의 떨림에 귀를 기울여 보십시오.

그 심심하고도 깊은 울림 속에, 당신이 그토록 찾아 헤매던 삶의 본질적인 답이 숨겨져 있을지도 모릅니다.

촉각의 기억
매끄러운 유리 액정 대신
거친 종이와 흙의 질감

2026년의 하루는 '매끄러움'이라는 한 단어로 요약됩니다.

아침에 눈을 떠 밤에 잠들 때까지 우리의 손끝이 가장 오래 머무는 곳은 고도로 연마된 스마트폰의 강화 유리와 이음새 하나 없이 매끈한 플라스틱 보디입니다. 지문조차 남지 않을 만큼 완벽하게 가공된 이 인터페이스 위에서 세상의 모든 정보가 미끄러지듯 지나갑니다. 우리는 손가락 하나로 지구 반대편의 뉴스를 훑고, 가상의 물건을 장바구니에 담으며, 타인의 삶을 위아래로 스크롤을 합니다.

하지만 이 매끄러운 터치 스크린 위에서 손끝이 느끼는 물리적 저항은 0에 가깝습니다. 세상은 이토록 가깝고 편리해졌지만, 정작 손바닥으로 전해지는 '실재감'은 그 어느 때보다 희미해졌습니다.

인류의 진화사에서 손은 단순한 신체 부위가 아니라 '사유의 연장'이었습니다. 도구를 만들고, 흙을 일구고, 거친 나무껍질의 결을 느끼며 인간의 뇌는 폭발적으로 발달해 왔습니다. 촉각은 오감 중 가장 정직한 감각입니다. 눈은 화려한 CG에 속고 귀는 감언이설에 속을 수 있지만, 손끝은 사물의 단단함과 부드러움, 차가움과 뜨거움을 가감 없이 뇌로 전달합니다.

그러나 2026년의 기술 문명은 이 정직한 촉각을 'Haptic(진동 피드백)'이라는 가짜 감각으로 대체해버렸습니다. 화면을 누를 때 전달되는 인위적인 진동은 뇌를 속여 무언가를 만지고 있다는 착각을 일으키지만, 그것은 실제 사물이 가진 풍부한 질감과 무게를 결코 대신할 수 없습니다. 우리는 만지는 시늉을 할 뿐, 사실은 아무것도 만지고 있지 않은 셈입니다.

종이와 연필: 잊혀진 저항의 미학

촉각의 로그아웃은 이 매끄러운 가상 세계에서 빠져나와 거칠고 투박한 '물성(Materiality)'의 세계로 귀환하는 선언입니다. 재활의 시작은 의도적으로 손의 수고로움을 선택하는 것에서 시작됩니다.

가장 먼저 추천하는 리추얼은 '종이와의 재회'입니다. 태블릿 PC의 디지털 펜슬이 주는 미끄러운 마찰음 대신, 거친 만년필이나 4B연필을 들고 종이 위에 글을 써 내려가 보는 것입니다. 종이의 결에 따라 펜촉이 기분 좋게 걸리는 느낌, 꾹꾹 눌러 쓸 때 종이 뒷면에 남는 글자의 굴곡, 그리고 손날에 묻어나는 서늘한 연필심의 가루. 이 모든 것은 데이터가 복제할 수 없는 유일무이한 신체적 기록입니다.

디지털 문서가 언제든 지울 수 있는 '수정 가능한 정보'라면, 종이 위에 새긴 글자는 흔적을 남기는 '되돌릴 수 없는 사건'입니다. 이 되돌릴 수 없는 저항감을 손끝으로 느낄 때, 비로소 인간의 사유는 가벼운 스크롤을 멈추고 깊은 성찰의 닻을 내리게 됩니다.

[촉각 지능(TQ) 자가진단]

당신은 현실을 만지고 있나요?

□ 오늘 하루 동안 스마트폰 액정 외에 나무, 돌, 흙 등 자연의 질감을 만진 적이 없다.

□ 종이책을 넘길 때의 감각보다 화면을 넘기는 스와이프가 더 익숙하고 편하다.

□ 무언가를 직접 고치거나 만들기보다, 앱으로 새 제품을 주문하는 것이 당연하다.

□ 맨발로 모래사장을 밟거나 흙을 만지는 것이 불결하거나 어색하게 느껴진다.

□ 사랑하는 사람과 손을 잡는 시간보다 스마트폰을 쥐고 있는 시간이 훨씬 길다.

※ 3개 이상 해당한다면, 당신의 촉각은 '매끄러운 중독'에 빠져 실재감을 상실한 상태입니다.

대지의 감촉: 중력을 받아들이는 삶의 무게

나아가 시선을 우리 주변의 물건들로 돌려봅시다. 2026년의 미니멀리즘 가전들은 매끄러운 금속과 유리로 덮여 있지만, 로그아웃의 품격을 아는 이는 의도적으로 나무와 가죽, 천연 섬유의 질감을 곁에 둡니다.

매일 아침 차를 마실 때 만지는 도자기 찻잔의 미세한 기공과 온기, 책장을 넘길 때 손끝을 스치는 종이의 건조한 질감은 우리를 '지금, 여기'라는 현실의 좌표에 단단히 고정시킵니다. 가상 세계가 중력을 거스르는 가벼움의 세계라면, 촉각의 세계는 중력을 기꺼이 받아들이는 무게의 세계입니다.

더 깊은 촉각의 재활을 위해서는 대지와의 직접적인 접촉이 필요합니다.

신발을 벗고 흙을 밟는 '어싱Earthing'이나, 베란다 화분의 흙을 손으로 직접 다지는 행위는 도시인에게 가장 강력한 치유의 리추얼입니다. 흙은 젖어 있으면 질척이고 마르면 거칠게 부서집니다. 이 불규칙하고 예측 불가능한 감촉이야말로 생명의 본질입니다. 손톱 밑에 흙이 끼고 피부가 거칠어지는 것을 감수하며 무언가를 심고 가꾸는 과정은, 결과만을 중시하는 알고리즘적 사고에서 벗어나 '과정의 고통과 기쁨'을 회복하는 길입니다.

체온이 담긴 스킨십 : 디지털이 결코 복제할 수 없는 존엄

마지막으로, 촉각은 타인과 나눌 수 있는 가장 깊은 소통 수단입니다. 2026년의 메타버스 속 아바타는 서로 포옹할 수 있고 악수도 할 수 있지만, 그곳엔 결정적으로 '체온'이 없습니다.

실제 사람의 손을 잡을 때 느껴지는 미세한 맥박과 온기, 포옹할 때 전해지는 적당한 압박감과 옷감의 감촉은 어떤 고성능 VR 기기도 재현할 수 없는 인간 존엄의 핵심입니다. 터치 스크린을 두드리는 수만 번의 탭Tap보다, 지친 동료의 어깨를 한 번 토닥이거나 아이의 머리를 쓰다듬는 한 번의 촉각적 경험이 영혼에 훨씬 더 깊고 영구적인 인장을 남깁니다.

우리는 너무 오랫동안 매끄러운 유령의 세계에 머물렀습니다.

이제는 손을 뻗어 세상을 '만져야' 합니다. 사물의 거친 면을 더듬고, 무게감을 느끼며, 손때 묻은 도구들과 교감해야 합니다. 손끝에 가해지는 물리적 저항이 강해질수록, 우리의 자아는 더욱 선명하게 깨어납니다.

매끄러운 화면 속으로 미끄러져 들어가 사라지는 존재가 아니라, 거친 현실의 벽을 만지며 그 저항을 딛고 일어서는 존재가 되는 것. 그것이 바로 우리가 회복해야 할 촉각의 기억이자, 로그아웃한 자의 당당한 존재 방식입니다.

후각과 미각의 현존
알고리즘 맛집 대신 내 혀가 기억하는 허기

2026년의 식탁은 화려한 '이미지'의 성찬입니다.

음식이 테이블 위에 놓이는 순간, 사람들은 숟가락 대신 스마트폰을 먼저 듭니다. 렌즈를 통해 필터링된 스테이크의 육즙은 실제보다 더 선명한 선홍빛을 띠고, 김이 모락모락 피어오르는 찌개는 알고리즘이 선호하는 최적의 구도로 박제됩니다. 사람들은 음식을 입에 넣기도 전에 SNS에 공유된 '좋아요' 숫자로 맛을 예단합니다.

이 시대의 미각은 혀끝이 아니라 시각적 정보와 데이

터에 의해 장악당했습니다.

맛은 오롯이 경험되는 것이 아니라, 타인에게 과시하기 위해 소비되고 기록될 뿐입니다.

"맛있다"는 감탄사보다 "사진 잘 나온다"는 평가가 먼저 나오는 식탁에서, 우리의 원초적인 감각은 소외되고 있습니다.

하지만 로그아웃의 관점에서 본 미각과 후각은 가장 내밀하고도 강력한 '현존(Presence)'의 통로입니다. 시각과 청각은 거리를 두고 대상을 파악하는 원격 감각이지만, 미각과 후각은 대상이 내 몸 안으로 들어와야만 성립되는 근접 감각이기 때문입니다.

향기는 폐부 깊숙이 스며들고, 음식은 혀를 거쳐 피와 살이 됩니다.

2026년의 기술이 아무리 발달해도, 특정 장소의 습도와 섞인 비릿한 흙내음이나 갓 구운 빵의 온기가 섞인 구수한 향을 디지털 데이터로 완벽히 치환할 수는 없습니다. 0과 1의 비트로 재현할 수 없는 이 '분자적 경험'이야말로 우리가 기계가 아님을 증명하는 마지막 보루입니다.

인공 향료의 온실을 벗어나, '진짜 냄새'에 코를 열기

후각의 재활은 '냄새의 무국적화'에서 벗어나는 것부터 시작됩니다. 현대의 실내 공간은 인공적인 방향제와 공기청정기에 의해 규격화된 향기만을 강요합니다.

숲의 향기를 교묘하게 흉내 낸 합성 향료는 코를 자극하지만, 뇌의 깊은 곳을 깨우지는 못합니다. 진짜 후각의 로그아웃은 비 온 뒤 길가에서 올라오는 비릿한 흙냄새, 계절을 머금은 마른 풀의 향기, 시장 모퉁이에서 풍겨오는 비릿하고도 치열한 사람 냄새 같은 '길들여지지 않은 향기'에 코를 여는 것입니다.

향기는 기억의 가장 강력한 방아쇠입니다.

알고리즘이 추천하는 인기 향수가 아니라, 우연히 마주친 찬바람 속의 낙엽 타는 향기에서 잊고 있던 유년의 기억을 소환할 때, 우리의 감각은 비로소 기계의 통제에서 벗어나 자유로워집니다. 냄새는 논리를 건너뛰고 곧장 감정의 뇌로 직행합니다. 로그아웃한 채로 길을 걸으며 코끝을 스치는 계절의 변화를 감지해 보십시오. 그것은 세상이 당신에게 보내는 가장 은밀하고도 다정한 편지입니다.

※ 3개 이상 체크했다면, 당신의 미식 감각은 '알고리즘'에 저당 잡힌 상태입니다.

허기의 미학 : 데이터가 지워버린 '기다림의 맛'

미각 역시 '알고리즘 맛집'의 노예가 된 상태를 경계해야 합니다. 별점과 리뷰라는 데이터가 미각의 선입견을 형성하면, 혀는 독립적인 판단력을 잃고 맙니다. 0.1%의 오차도 없는 레시피로 만들어진 배달 음식을 먹으며 우리는 '실패 없는 만족'을 누리지만, 그 속에는 '발견의 경이'가 없습니다.

미각의 재활을 위해서는 스스로 재료를 만지고 요리하는 '의도적인 비효율'이 필요합니다. 칼끝에서 잘려나가는 채소의 단단한 저항, 달궈진 팬 위에서 보글보글 끓어오르는 소리의 변화, 간을 보며 소금 한 꼬집에 달라지는 맛의 미묘한 변주….

이 과정은 음식을 단순히 생존을 위한 연료로 섭취하는 행위(Feeding)를 넘어, 우주의 생명력과 교감하는 거룩한 리추얼(Eating)로 격상됩니다.

진정한 미각의 회복은 '허기'를 온전히 대면하는 것에

서 완성됩니다. 2026년의 초연결 사회는 24시간 배달 앱과 편의점을 통해 우리에게 배고픔을 느낄 틈을 주지 않습니다. 하지만 진짜 맛을 느끼기 위해서는 감각의 비움이 선행되어야 합니다.

로그아웃한 상태에서 오롯이 내 몸의 신호에 집중하며 맞이하는 허기는, 음식을 대하는 태도를 겸허하게 만듭니다. 사진을 찍기 위해 화려하게 장식된 음식이 아니라, 내 몸이 지금 진정으로 갈구하는 영양과 풍미를 찾아내는 감각. 알고리즘이 추천하는 '오늘의 인기 메뉴'가 아니라, 오늘 나의 컨디션과 바깥 날씨에 예민하게 반응하는 '나의 혀'를 다시 신뢰하기 시작하는 것. 그것이 미각의 품격입니다.

그렇게 온전히 감각에 집중해 식사를 마쳤을 때, 우리는 단순한 포만감을 넘어선 영혼의 충만함을 느낍니다. 스마트폰을 보며 기계적으로 씹어 삼키는 행위를 멈추고, 오감을 동원해 세상을 받아들이십시오.

후각과 미각의 현존을 되찾는다는 것은, 나의 생존과 기쁨을 외부의 데이터에 맡기지 않고 내 안의 원초적인 감각으로 직접 인생을 항해하겠다는 선언과도 같습니다. 스크린을 끄고 식탁 앞에 앉아 김이 모락모락 피어오르는 밥의 향기에 코를 대는 순간, 당신의 품격 있는 로그아웃은 비로소 당신의 육체 안으로 깊숙이 침잠하여 안착할 것입니다.

3장

철학적 단절

완벽하게 혼자가 되는 기술

의도적 고립

외로움(Loneliness)과
고독(Solitude) 사이의 한 끗 차이

2026년, '혼자 있음'은 마치 치료되어야 할 사회적 질병이나 결함처럼 취급받습니다.

모든 이가 실시간으로 위치를 공유하고, 메시지 옆의 '읽음' 표시가 사라지기를 초조하게 기다리는 세상에서 단절은 곧 '사회적 사형 선고'를 의미하기도 합니다.

우리는 늘 누군가와 연결되어 있어야 하며, 혼자 있는 시간조차 스마트폰을 통해 타인의 생중계되는 일상 속에 머뭅니다. 하지만 우리가 기술로부터 로그아웃하려는 진짜 이유는 타인으로부터 버림받기 위함이 아닙니다. 오히려 타인의 소음으로부터 스스로를 보호하고, 자아를 대면할 수 있는 최소한의 성소(Sanctuary)를 구축하기 위함입니다. 이것이 바로 '외로움'과 '고독'의 본질적인 차이입니다.

외로움(Loneliness)은 타인과의 연결이 끊겼을 때 느껴지는 고통스럽고 수동적인 결핍의 상태입니다. 타인의 인정과 반응이 없으면 나의 존재 가치가 뿌리째 흔들리는 불안을 동반하죠. 2026년의 알고리즘은 바로 이 외로움이라는 인간의 근원적인 구멍을 먹고 자랍니다.

우리가 끊임없이 SNS를 새로고침하고, 일면식도 없는 이들의 의미 없는 댓글에 집착하는 이유는 외로움이라는 허기를 디지털 데이터로 메우려 하기 때문입니다.

하지만 아무리 많은 '좋아요'가 쌓여도 이 구멍은 결코 메워지지 않습니다. 그것은 밑 빠진 독에 붓는 화려하고 찰나적인 픽셀 조각들에 불과하기 때문입니다.

반면 고독(Solitude)은 능동적으로 선택한 '충만한 혼자 있음'입니다. 고독은 타인이 곁에 없어서 슬픈 상태가 아니라, 나 자신과 단둘이 마주 앉아 대화하는 즐거움을 향유하는 고차원적인 상태입니다. 철학자 폴 틸리히_{Paul Til-lich}는 "혼자 있는 고통을 표현하는 말은 외로움이고, 혼자 있는 영광을 표현하는 말은 고독이다."라고 정의했습니다.

로그아웃의 기술은 바로 이 결핍된 '외로움'을 풍요로운 '고독'으로 치환하는 정신적 연금술입니다.

의도적 고립을 실천하기 위해서는 먼저 '사회적 비동기화'를 견딜 용기가 필요합니다. 남들이 모두 온라인에 접속해 실시간으로 소통하는 황금시간대에 나 혼자 전원을 끄는 것, 초 단위로 터져 나오는 정보의 홍수에서 잠시 발을 빼는 것은 초기 단계에서 심한 금단 현상과 불안을 야기합니다.

나만 모르는 이야기가 생길까봐, 혹은 나만 흐름에서 뒤처져 도태될까봐 두려워지는 '포모(FOMO)' 증후군이 발동하는 것이죠.

하지만 이 불안의 파도를 단 한 번만 온몸으로 넘어서면, 이전에는 상상할 수 없었던 놀라운 평온이 찾아옵니다. 타인의 시선이라는 왜곡된 거울이 사라진 자리에서, 비로소 "나는 누구인가?"라는 태고의 질문이 다시 시작되기 때문입니다.

[고독 지수 체크리스트]

당신은 혼자 있을 권리를 누리고 있나요?

□ 알림이 오지 않는 고요한 상태가 되면 평온함보다 정체된 듯한 불안을 느낀다.

□ 혼자 식사를 하거나 산책할 때 스마트폰 없이는 그 시간을 버티지 못한다.

□ 나의 의견보다 온라인 커뮤니티나 댓글의 반응에 따라 내 생각이 쉽게 바뀐다.

□ 하루 중 누구의 방해도 받지 않고 오직 내 생각에만 잠기는 시간이 30분 미만이다.

□ SNS에 올리지 않는 경험은 왠지 미완성된 것처럼 느껴진다.

자아를 재편집하는 시간 : 알고리즘 너머의 나침반

고독은 단순히 휴식을 취하는 시간이 아닙니다. 그것은 흩어진 자아를 재편집하는 신성한 시간입니다. 알고리즘에 의해 조각조각 파편화된 생각들을 다시 이어 붙이고, 타인의 가치관과 광고에 의해 오염된 나의 순수한 욕망을 걸러내어 정화하는 시간입니다. 완벽하게 혼자가 되어 침묵 속에 머물 때, 우리는 비로소 우리 내면의 가장 깊은 곳에서 울려 나오는 가냘픈 목소리를 듣습니다.

이 목소리는 스마트폰의 자극적인 알림 소리보다 훨씬 작고 섬세하지만, 인생의 결정적인 순간에 방향을 제시하는 가장 강력한 나침반이 됩니다. 정보의 과부하 상태에서는 결코 들리지 않던 이 '내면의 주파수'를 잡아내는 것, 그것이 바로 고독의 힘입니다.

2026년의 진정한 귀족은 비싼 물건을 소유하거나 많은 인맥을 과시하는 자가 아닙니다.

누구의 방해도 받지 않고 고독의 깊이를 점유할 수 있는 '시간의 주권'을 가진 자입니다. 의도적 고립은 세상으로부터의 비겁한 도망이 아닙니다. 오히려 세상을 더 주체적이고 품격 있게 살아가기 위한 전략적 후퇴이자 재정비입니다.

혼자서도 충분히 단단하게 서 있을 줄 아는 사람만이 타인과도 건강하게 연대할 수 있습니다. 내면의 중심이 단단한 사람은 타인의 반응에 일희일비하지 않으며, 알고리즘의 유혹에도 쉽게 흔들리지 않습니다.

고독의 바다로 잠영하기

이제 전원을 끄고 방 안의 조도를 낮추십시오. 타인이 없는 공백을 두려워하며 무언가를 채워 넣으려 애쓰는 대신, 그 공백 자체를 나만의 사유와 날카로운 감각으로 채워보는 연습을 시작해야 합니다.

　고독이라는 고요한 바다 밑바닥으로 깊이 잠영해 들어갈 때, 당신은 비로소 수면 위의 소란스러운 소음과 부유물들 너머에 고요히 자리 잡고 있는 '진짜 나'와 조우하게 될 것입니다. 픽셀로 가공된 가짜 자아가 아닌, 거칠고 투박하지만 단단한 본연의 모습 말입니다. 그 조우야말로 로그아웃이 우리에게 선사하는 가장 고결하고도 품격 있는 선물입니다.

멍때릴 권리
뇌의 '디폴트 모드 네트워크'를 활성화하는 법

2026년의 인류는 '주의력 탈취'의 시대에 살고 있습니다.

인공지능 비서가 장착된 이어폰은 귓가에서 끊임없이 새로운 소식을 속삭이고, 망막에 투사되는 스마트 렌즈는 우리가 무심코 지나치는 사물의 모든 정보를 실시간 데이터로 치환하여 시신경에 주입합니다. 단 1초의 공백도 허용하지 않는 이 완벽한 정보의 밀도는, 역설적으로 우리 뇌를 가장 빈곤한 상태로 몰아넣고 있습니다.

현대인에게 '아무것도 하지 않는 것'은 도태이자 공포이며, 생산성이라는 신성한 이름 아래 저지르는 일종의 죄악이 되어버렸습니다. 우리는 쉼 없이 무언가를 입력(Input)해야만 살아 있음을 느끼는 '정보 탐식자'가 되었습니다.

뇌의 백그라운드 작업, 디폴트 모드 네트워크(DMN)

그러나 뇌과학의 관점에서 볼 때, 인류의 가장 위대한 지적 성취는 늘 '아무것도 하지 않는 순간'에 잉태되었습니다. 여기서 주목해야 할 개념이 바로 디폴트 모드 네트워크(Default Mode Network, 이하 DMN)입니다.

2001년 워싱턴 대학교의 마커스 레이클 교수가 발견한 이 시스템은, 뇌가 특정한 과제에 집중하지 않고 휴식을 취할 때 비로소 활성화되는 뇌의 특정 영역들을 의미합니다. 마치 컴퓨터가 사용 중이 아닐 때 시스템을 최적화하고 불필요한 파일을 정리하는 '백그라운드 작업'을 수행하듯, 우리의 뇌도 외부 자극이 차단된 순간에야 비로소 진정한 사유의 정리에 들어가는 것입니다. 뇌는 멍하니 있을 때 비로소 흩어진 기억의 조각들을 맞추고, 자아의 중심을 잡으며, 미래를 시뮬레이션합니다.

2026년의 우리가 겪는 심각한 정서적 허기와 창의성의 고갈은 바로 이 DMN이 가동될 '여백'을 상실했기 때문입니다. 스마트폰을 켜고 알고리즘이 추천하는 숏폼 영상을 넘기는 순간, 뇌는 외부 자극을 처리하는 '태스크 포지티브 네트워크(TPN)'로 즉각 전환됩니다. 문제는 우리가 24시간 내내 TPN 모드로만 살아가고 있다는 점입니다. 과부하가 걸린 서버처럼 뇌는 열을 뿜어내지만, 정작 데이터는 정보의 더미로만 남을 뿐 삶의 '지혜'로 숙성되지 못합니다.

나의 뇌는 '과부하' 상태인가?

□ 스마트폰 없이 5분 동안 가만히 앉아 있는 것이 고통
스럽다.

□ 이동 시간(지하철, 버스 등)에는 무조건 무언가를 보거
나 들어야 한다.

□ 잠들기 직전까지 정보를 습득하지 않으면 하루를 망친
기분이 든다.

□ 최근 문득 떠오른 참신한 생각이나 아이디어가 거의
없다.

□ 창밖을 보거나 멍하니 있는 시간을 '낭비'라고 생각하
며 죄책감을 느낀다.

※ 3개 이상 체크했다면, 당신의 DMN은 만성적인 가동
중단 상태입니다.

지루함의 임계점을 넘어서는 저항

멍때릴 권리를 회복하는 것은 이 과열된 엔진을 잠시 멈추고 뇌의 주권을 되찾아오는 고결한 저항입니다. 의도적인 '입력값 없음(No Input)'상태를 만드는 훈련이 필요합니다.

처음에는 견디기 힘든 지루함이 엄습할 것입니다. 도파민에 중독된 뇌는 끊임없이 새로운 자극을 갈구하며 무의식적으로 손을 스마트폰으로 가져가게 만듭니다. 하지만 그 지루함의 임계점을 돌파해야 합니다. 뇌가 외부 자극에 대한 갈망을 멈추고 고요한 침묵에 적응하는 순간, 깊은 잠에 빠져있던 DMN은 비로소 기지개를 켜며 깨어납니다.

DMN이 활성화되면 뇌는 비로소 과거와 현재, 미래를 자유롭게 넘나들며 자아를 통합하기 시작합니다. 억지로 고민할 때는 풀리지 않던 난제들이 멍하니 창밖을 보거나 욕조에 몸을 담그고 있을 때 섬광처럼 풀리는 이유가 바 로 여기에 있습니다.

뇌가 단순히 정보를 '처리'하는 단계를 넘어, 정보들 사이의 새로운 연결 고리를 찾아내는 '창조'의 단계로 진입하기 때문입니다. 아르키메데스의 '유레카'는 욕조라는 여백에서 탄생했고, 뉴턴의 영감은 사과나무 아래라는 정적 속에서 싹텄습니다.

2026년의 진정한 지성 : 휴식할 줄 아는 능력

멍때리기는 무능함의 증거가 아니라, 복잡한 초연결 시대를 견디기 위한 가장 고차원적인 지적 휴식입니다. 2026년의 진정한 지성인은 남보다 더 많은 데이터를 머릿속에 구겨넣는 사람이 아니라, 자신의 뇌에 완벽한 휴식을 줄지를 아는 사람입니다.

이제 하루에 단 15분이라도 의도적인 멈춤을 실천하십시오. 모든 알림을 끄고, 목적 없이 시선을 허공에 던지며, 사유의 중력을 거스르지 않은 채 생각들이 흐르게 두어야 합니다. 그 멍한 시간 속에 당신의 잃어버린 자아가 살고 있으며, 알고리즘이 결코 계산해낼 수 없는 당신만의 독창적인 미래가 설계되고 있습니다.

　로그아웃을 통한 멍때리기는 뇌의 전원을 끄는 것이 아니라, 나를 나답게 만드는 내부 시스템의 전원을 켜는 일입니다. 텅 비어 있는 듯한 그 여백의 시간이야말로 당신의 삶을 가장 풍요롭게 채우는 가장 밀도 높은 시간임을 기억하십시오.

.

불확실성의 미학
지도 앱 없이 길을 잃어보는 용기

2026년의 세상에서 '길을 잃는다는 것'은 거의 불가능에 가까운 사건이 되었습니다.

모든 차량은 자율주행 시스템을 통해 오차 없는 최적의 경로로 이동하고, 보행자의 손목 위 스마트 디바이스는 센티미터 단위로 위치를 추적하며 다음 코너에서 어느 방향으로 꺾어야 할지 다정한 진동으로 알려줍니다. 잘못된 길로 들어설 확률은 제로에 수렴하며, 우리가 이동하는 모든 궤적은 데이터로 기록되고 다음 행동을 예측하는 재료가 됩니다. '효율성'이라는 절대적인 가치 아래, 인간의 삶에서 실패와 오답의 가능성은 완벽히 제거되었습니다.

그러나 우리는 실패하지 않는 길을 얻은 대가로 '발견의 경이'를 지불했습니다. 모든 목적지가 사전에 확정되어 있고 도착시간까지 초 단위로 예고되는 세상에서, 여행은 더 이상 탐험이 아니라 '배달'에 가까워집니다. 나라는 존재가 특정 목적지로 정확히 배달되는 과정 속에서, 길 위에서 만날 수 있었던 수많은 변수와 인연, 풍경의 의외성은 효율성이라는 칼날에 의해 난도질당했습니다.

세렌디피티
지도 밖에서 만나는 인생의 마법

철학적 관점에서 볼 때, 인간의 성장은 언제나 '불확실성'의 경계선 위에서 일어납니다. 정해진 궤도를 이탈하여 지도에 표시되지 않은 좁은 골목으로 들어섰을 때 마주치는 낡은 간판의 글귀, 우연히 들른 이름 없는 가게에서 흘러나오는 낯선 음악, 길을 묻다 마주친 행인의 따뜻한 미소. 이러한 '세렌디피티(Serendipity, 뜻밖의 발견)'이야말로 우리의 삶을 무색무취한 데이터 덩어리에서 생동감 넘치는 고유한 이야기로 바꾸어 놓는 마법입니다.

로그아웃의 품격은 의도적으로 이 '불확실성'을 자신의 삶에 초대하는 용기에서 나옵니다. 가끔은 목적지 없이 집을 나서는 결단이 필요합니다. GPS의 구속에서 벗어나 오직 자신의 감각과 직관이 이끄는 대로 발길을 옮겨보는 것이죠.

기술의 가이드라인을 벗어나는 순간, 심장은 미세하게 떨리기 시작할 것입니다. 그것은 마비되었던 생존 본능이 깨어나는 신호이자, 내가 내 삶의 주권을 다시 쥐었다는 짜릿한 전율입니다.

[불확실성 수용지수 체크리스트]

나의 뇌는 '과부하' 상태인가?

□ 지도 앱 없이 처음 가보는 동네에 가는 것을 생각만 해도 식은땀이 난다.

□ 식당을 갈 때 리뷰와 평점을 확인하지 않으면 돈과 시간을 버렸다는 기분이 든다.

□ 여행을 갈 때 분 단위로 일정을 짜지 않으면 불안해서 견딜 수 없다.

☐ 약속 장소에 예정된 시간보다 5분만 늦게 도착해도 인생에 큰 문제가 생긴 것처럼 초조하다.
☐ 알고리즘이 추천해 주지 않는 새로운 장르나 분야에 도전해 본 지 일 년이 넘었다.

※ 3개 이상 체크했다면, 당신은 시스템이 설계한 '확실성의 감옥'에 갇혀 있습니다.

길을 잃어야 비로소 보이는 것들

길을 잃어보는 경험은 우리에게 '예상치 못한 상황에 대처하는 회복탄력성'을 길러줍니다. 모든 것이 매뉴얼과 알고리즘대로 흘러가는 디지털 세상에 길들여진 현대인은 작은 돌발 상황이나 데이터 오류에도 쉽게 무너집니다. 하지만 지도 없이 헤매본 사람은 압니다. 길을 잘못 들었다고 해서 인생이 당장 끝나지 않는다는 것을 말입니다.

오히려 그 막다른 골목에서 더 아름다운 지름길이나

예상치 못한 절경, 혹은 나 자신과의 깊은 대화를 만날
수 있다는 사실을 체득하게 됩니다.

2026년의 정교한 지도 밖으로 과감히 한 걸음 내딛으
십시오.

알고리즘이 추천하는 '검증된 경로'는 안전하고 쾌적
할지는 모르나, 당신의 영혼을 설레게 하거나 심장을 뛰
게 하지는 못합니다. 길을 잃는다는 것은 곧 나만의 새로
운 지도를 그리기 시작했다는 뜻입니다.

목적지에 도달하는 속도보다 훨씬 중요한 것은 그 길
위에서 내가 무엇을 보고, 누구를 만나며, 무엇을 느꼈느
냐는 '과정의 풍요'입니다. 지도 없이 헤매는 그 비효율
적인 시간 속에서, 당신은 비로소 위도와 경도의 좌표로
는 결코 정의될 수 없는 '진짜 세상'과 조우하게 될 것입
니다. 그것이 바로 우리가 로그아웃을 통해 얻어야 할 진
정한 삶의 지리地理입니다.

2026년의 지식은 마치 뜨거운 물만 부으면 완성되는 '인스턴트식품'과 같습니다.

인공지능은 수만 페이지에 달하는 방대한 보고서를 단 몇 줄의 핵심 요약으로 정리해 주고, 철학자가 평생을 바쳐 고뇌한 사상의 정수는 1분 분량의 자극적인 숏폼 영상으로 박제되어 유통됩니다.

사유의 고통스러운 과정은 생략된 채 오직 매끄러운 '결론'만이 소비되는 시대입니다. 우리는 그 어느 때보다 똑똑해진 것 같고 모든 것을 안다고 착각하지만, 실상은 타인이 정제해 놓은 사유의 결과물을 복제하고 있을 뿐입니다.

스스로 생각하는 근육은 급격히 퇴화하고 있으며, 텍스트 이면에 숨겨진 복잡한 맥락을 짚어내는 문해력은 바닥을 치고 있습니다. 정보는 넘쳐나되 지혜는 가물어가는 '지식의 역설'에 빠진 것입니다.

지적 저항의 시작, 딥 싱킹

'딥 싱킹Deep Thinking'은 이 빠른 시대에 대항하는 느린 사유의 투쟁입니다.

단순히 정보를 수집하고 갈무리하는 차원을 넘어, 하나의 본질적인 질문을 가슴에 품고 그 주변을 집요하게 파고드는 지적 행위입니다. 효율성을 최고의 가치로 치는 2026년의 관점에서 볼 때, 딥 킹킹은 지독히도 비효율적인 노동이자 시간 낭비처럼 보일지 모릅니다.

하지만 인류가 쌓아온 모든 찬란한 지혜는 바로 이 '느리고 깊은 고뇌'의 산물이었습니다.

뉴턴의 만유인력이나 칸트의 비판 철학은 AI의 요약본에서 태어난 것이 아니라, 답이 보이지 않는 정적 속에서 수만 번 되뇌었던 질문 끝에 얻어진 열매입니다. 우리는 이제 그 '느린 시간'의 가치를 회복해야 합니다.

☐ 3분 이상의 긴 글이나 복잡한 논증이 담긴 칼럼을 읽는 것이 고통스럽다.

☐ 모르는 용어나 개념이 나왔을 때, 스스로 생각하기 전 AI 검색 엔진에 즉시 묻는다.

☐ 책을 읽을 때 전체를 읽기보다 '요약본'이나 '리뷰'를 보는 것으로 만족한다.

☐ 하나의 주제에 대해 스마트폰 방해 없이 30분 이상 집중해서 고민해 본 적이 없다.

☐ 나의 주장이나 가치관이 신문 헤드라인이나 알고리즘의 추천에 의해 쉽게 결정된다.

※ 3개 이상 해당한다면, 당신의 사유 시스템은 '숏폼Short-form'에 최적화되어 깊이를 상실한 상태입니다.

의도적 불편함
사유의 깊이를 만드는 마찰력

아날로그적 사유를 회복하기 위해서는 '의도적 불편함'을 기꺼이 감수해야 합니다.

AI에게 정답을 묻는 매끄러운 지름길 대신, 먼지 쌓인 서가에서 직접 책을 골라 앞뒤 문맥을 짚어가며 행간을 읽는 수고로움이 필요합니다.

디지털 메모장에 텍스트를 입력하는 대신, 거친 종이 위에 만년필로 생각을 끄적이며 논리의 흐름을 손끝의 감각으로 느껴보아야 합니다. 디지털은 수정이 쉽기에 생각이 가볍게 흐르다 증발해 버리지만, 아날로그는 되돌리기 어렵기에 한 문장을 적을 때도 신중함과 책임감이 깃듭니다. 종이 위에서 펜촉이 멈추는 그 짧은 정적, 그 신중함이 겹겹이 쌓여 사유의 깊이를 만듭니다.

또한 딥 싱킹은 '정답이 없는 문제'를 견디는 힘입니다.

알고리즘은 즉각적인 해답을 제시하여 우리를 안심시키지만, 인생의 본질적인 질문들—어떻게 살 것인가, 정의란 무엇인가, 나다운 것은 무엇인가?—은 결코 한 줄의 요약으로 치환될 수 없습니다.

질문을 품고 며칠, 혹은 몇 달을 고뇌하는 그 지루하고도 치열한 과정 속에서 지식은 비로소 혈관을 타고 흐르는 내면화된 지혜로 거듭납니다.

깊은 고뇌가 주는 자유

빠른 정답은 우리를 편리하게 만들지만, 깊은 고뇌는 우리를 자유롭게 만듭니다.

　2026년의 복잡한 사회 구조와 쏟아지는 가치관의 혼란 속에서 우리를 지켜주는 것은 검색 엔진의 상단 결과 값이 아니라, 내면의 심해에서 직접 길러낸 단단한 철학입니다. 요약된 정보의 파편들로 지성의 겉모양만 화려하게 꾸미는 기만적 행위를 이제 멈추어야 합니다.

　로그아웃하여 고요한 책상 앞에 앉으십시오.

　그리고 하나의 주제를 놓고 세상의 모든 소음이 잦아들 때까지 깊이 파고드십시오. 사유의 속도가 느려질 때, 역설적으로 세상을 보는 통찰의 눈은 비로소 넓어집니다.

　딥 싱킹은 기술에 잠식당하지 않는 인간만의 마지막 보루이자, 가장 우아한 지적 권력입니다. 느리게 생각하는 것은 도태가 아닙니다. 그것은 폭주하는 기술의 시대에 인간으로서의 품격을 지키는 가장 강력한 저항 방식입니다.

　당신의 뇌가 스스로 길을 찾도록 내버려 두십시오. 그 느린 사유의 끝에서, 당신은 비로소 세상이 주입한 정답이 아닌 '당신의 진실'과 마주하게 될 것입니다.

4장

관계의 재정립

필터링된 인맥 너머의 온기

2026년 현재, 우리의 자아는 더 이상 단일한 실체로 머물지 않습니다.

우리는 접속하는 플랫폼의 성격에 따라, 혹은 알고리즘이 정교하게 분류해 놓은 타깃 그룹의 입맛에 따라 수십 개의 '디지털 페르소나Digital Persona'를 맞춤형으로 갈아입으며 살아갑니다.

직장인을 위한 커뮤니티에서는 유능하고 이성적인 전문가로, 인스타그램에서는 감각적인 미니멀리스트로, 익명 커뮤니티에서는 날 선 냉소주의자로 변신하죠. 다중 자아의 시대, 우리는 마치 무대마다 의상을 갈아입는 배우처럼 분주하게 자신을 편집합니다.

특히, 시각 매체 속의 '나'는 언제나 결점 하나 없는 무결점의 상태입니다. 인공지능 보정 기술은 이제 단순히 피부의 잡티를 가리는 수준을 넘어섰습니다.

실시간 생성형 AI는 우리가 머무는 좁고 지저분한 방의 뒷배경을 순식간에 우아한 북유럽풍 거실이나 세련된 카페로 바꿔주고, 피곤에 찌든 눈가에 생기를 불어넣으며, 삶의 구질구질하고 복잡한 맥락을 말끔히 소거해 버립니다.

이제 현대인은 아침에 마주하는 거울 속의 낯선 민낯보다, 스크린 속에서 완벽하게 렌더링 된 자신의 모습에 훨씬 더 큰 친밀감과 안도감을 느낍니다. "이게 진짜 나였으면 좋겠다"는 소망은 어느덧 "이것만이 나여야 한다"는 강박으로 진화했습니다.

데이터에 위탁한 행복의 결정권

문제는 이 화려한 가상 자아를 유지하기 위해 우리가 지불해야 하는 정서적 비용입니다. 우리는 실시간으로 집계되는 '좋아요', '공유', '조회수'라는 데이터에 자신의 존재 가치를 통째로 위탁합니다. 예를 들어, 야심차게 올린 게시물에 반응이 즉각적으로 오지 않으면, 우리는 단순히 '콘텐츠가 별로인가?'라고 생각하는 데 그치지 않습니다.

마치 내 존재 자체가 세상으로부터 거부당하거나 도태된 듯한 깊은 상실감과 존재론적 불안에 빠집니다. 타인의 시선이라는 거대한 데이터베이스에 내 행복의 결정권을 넘겨준 셈입니다.

2026년의 현대인은 수만 명의 팔로워에 둘러싸여 가상의 박수갈채를 받으면서도, 정작 단 한 사람에게도 '진짜 취약하고 남루한 모습'을 들키고 싶지 않아 하는 기묘한 고립 속에 살고 있습니다. 연결은 넘쳐나되 관계는 빈곤한 '풍요 속의 고독'입니다.

☐ 거울 속 내 모습보다 보정 어플 속 내 모습이 더 '진짜 나'처럼 느껴진다.

☐ SNS 게시물 '좋아요' 숫자가 적으면 하루 종일 기분이 저조하고 자존감이 떨어진다.

☐ 오프라인 모임에서도 대화의 흐름보다 '인증샷'을 찍어 올리는 과정이 더 중요하다.

☐ 나의 우울함이나 슬픔을 온라인상의 타인에게 들킬까 봐 철저히 숨기거나 가공한다.

☐ 현실의 인맥보다 온라인상에서 나를 지지해 주는 익명의 수치에 더 의존한다.

※ 3개 이상 해당한다면, 당신은 디지털 페르소나에 자아를 잠식당한 상태입니다.

불완전함의 축복
전시에서 경험으로

디지털 페르소나를 내려놓는다는 것은, 결코 데이터로 환산될 수 없는 나만의 고유성을 다시 긍정하는 일입니다. 화면 속의 나는 '전시'될 수 있지만, 진짜 나는 오직 '경험'될 수 있을 뿐입니다.

전시용 삶은 박제된 사진처럼 완벽해야 하지만, 경험하는 삶은 흐르는 강물처럼 불완전해도 괜찮습니다. 오히려 그 불완전함 속에 생의 진실이 숨어 있습니다. 주말 내내 소파에 누워 게으름을 피우는 모습, 가끔은 설명할 수 없는 깊은 우울감에 빠지는 순간, 남들에게 세련되게 포장해 보여주고 싶지 않은 지극히 인간적인 빈틈들 말입니다.

아이러니하게도 우리가 타인과 진정으로 연결되는 지점은 '매끄러운 성공담' 위가 아니라, 서로의 '부서지기 쉬운 약점'을 확인하고 그 틈을 메워주는 좁은 통로를 통해서입니다. 필터링되지 않은 진심이 오갈 때, 비로소 디지털 인맥은 '인간적 관계'로 치유됩니다.

민낯의 자유를 향한 로그아웃의 리추얼

'로그아웃의 품격'은 바로 이 '보여주기 위한 나'로부터 잠시 작별을 고할 때 비로소 완성됩니다. 다음과 같은 작은 실천들이 그 시작이 될 수 있습니다.

렌즈 너머의 풍경: 스마트폰 카메라를 켜지 않은 채, 오직 자신의 망막으로만 노을의 붉은 계조를 감상해 보

세요. 픽셀로 담기지 않는 대기의 온도를 온몸으로 느끼
는 것입니다.

인증 없는 미식

음식이 식기 전에 사진을 찍어야 한다는 강박에서 벗
어나세요. 함께 마주 앉은 이의 눈을 맞추며, 맛의 즐거
움과 그 순간의 대화를 나누는 것에 집중하십시오.

데이터 없는 휴식

나의 가치를 수치로 증명하려 애쓰지 마세요. 아무런
로그 데이터도 남기지 않은 채, 그저 존재 자체로 머무는
시간의 주권을 되찾으십시오.

이러한 무보정의 시간 속에서 우리는 비로소 타인의
시선이라는 보이지 않는 감옥에서 해방됩니다. 당신의
가치는 기업의 서버에 기록된 로그 데이터나 알고리즘이
매긴 등급에 있지 않습니다. 그것은 지금 이 순간 누군가
와 맞잡은 손의 온기, 그리고 오직 당신만이 가진 고유한
삶의 결 속에 깃들어 있습니다.

페르소나의 가면을 벗고 민낯의 자유를 선택하는 순
간, 당신은 비로소 측정 불가능한 인간의 존엄성을 온전
히 회복하게 될 것입니다. 그것이 바로 가장 품격 있는
삶의 방식입니다.

비효율적인 대화의 가치
AI가 요약할 수 없는 긴 수다와 침묵

2026년 현재, 우리의 소통은 그 어느 때보다 극도로 효율화되었습니다. 이제 우리는 긴 문장을 직접 읽거나 고민하며 답장을 쓸 필요가 없습니다. 인공지능 메신저 비서가 도착한 수십 개의 메시지를 핵심만 추려 세 줄로 요약 브리핑하고, 내가 보낼 답장조차 상대방의 MBTI나 최근의 기분 상태를 분석해 가장 세련된 문법과 톤으로 미리 제안하기 때문입니다.

오해를 줄이고 시간을 아끼는 데 이보다 완벽한 도구는 없습니다. 갈등의 소지가 있는 거친 단어는 AI가 사전에 부드럽게 필터링하고, 자칫 무거워질 수 있는 감정의 과잉은 적절히 거세되어 전달됩니다. 덕분에 우리는 인간관계의 감정 소모로부터 해방된 듯 보입니다. 하지만 이 매끄럽고 완벽한 소통의 이면에는 '영혼의 휘발'이라는 차가운 허망함이 남습니다.

데이터에 위탁한 관계의 결정권

문제는 이 효율적인 소통 시스템을 유지하기 위해 우리가 지불해야 하는 정서적 비용입니다. 우리는 '효율적인 정보 교환'을 얻었지만, 소통의 본질인 '공명(Resonance)'을 잃어버렸습니다. 진정한 인간관계의 깊이는 정보가 전달되는 물리적인 속도가 아니라, 오히려 비효율적인 수다와 설명할 수 없는 긴 침묵 속에서 비로소 만들어집니다.

AI 비서가 '노이즈Noise'나 '중복 데이터'로 규정하고 가차 없이 삭제해버리는 그 모든 비효율적인 요소들이야말로, 상대를 기능적인 대상이 아닌 한 인간으로서 온전히 이해하게 만드는 핵심 데이터입니다. 요약된 텍스트에는 '사실'은 남지만 '진심'은 증발해 버리기 때문입니다. 연결의 속도는 빨라졌으되 마음의 거리는 멀어진 '소통의 역설'입니다.

[대화 소외도 체크리스트]
당신은 데이터만 주고받고 있나요?

☐ 상대방의 긴 메시지를 직접 읽기보다 AI 요약본부터 먼저 확인한다.

☐ 답장을 보낼 때 내 진심보다 AI가 추천해 주는 '적절한 문구'에 더 의존한다.

☐ 대화 도중 발생하는 짧은 정적이나 침묵을 견디지 못해 자꾸 스마트폰을 확인한다.

☐ 효율성을 따지느라 상대의 고민을 들어주는 시간을 '시간 낭비'라고 느낀 적이 있다.

☐ 텍스트 너머 상대방의 목소리 톤이나 미세한 표정 변화를 살핀 지 오래되었다.

※ 3개 이상 해당한다면, 당신은 소통의 효율성에 인간적 유대감을 잠식당한 상태입니다.

불완전함의 축복
정보 전달에서 공감으로

비효율의 가치를 되찾는다는 것은, 결코 데이터로 요약될 수 없는 대화의 고유성을 다시 긍정하는 일입니다. 화면 속의 정보는 '전달'될 수 있지만, 사람의 진심은 오직 '공유'될 수 있을 뿐입니다.

예를 들어, 친구와 늦은 밤 나누는 목적 없는 대화를 떠올려 보십시오.

주제 없이 두서없이 흘러가는 긴 대화, 논리적으로는 앞뒤가 맞지 않는 감정의 토로, 그리고 말과 말 사이를 채우는 서툰 숨소리들과 망설임들. 전달용 정보는 박제된 데이터처럼 명확해야 하지만, 공감하는 대화는 흐르는 강물처럼 불완전해도 괜찮습니다. 오히려 그 번거로움 속에 우리가 서로를 얼마나 존중하는지를 보여주는 강력한 증거가 숨어 있습니다.

나의 가장 귀한 자원인 '시간'을 당신에게 내어주고, 필터링되지 않은 '불완전한 반응'을 고스란히 노출하는 것 자체가 사랑의 약속이기 때문입니다.

유대감의 회복을 향한 로그아웃의 리추얼

'로그아웃의 품격'은 기계가 정제해 주는 매끈한 텍스트 뒤로 숨지 않고, 상대의 눈을 마주하며 직접 자신의 서툰 목소리를 내는 결단에서 완성됩니다. 다음과 같은 작은 실천들이 그 시작이 될 수 있습니다.

용건 없는 수다

AI가 요약할 내용조차 없는 시시콜콜한 일상을 공유해 보세요. 목적 없는 대화가 목적 있는 관계를 만듭니다.

의도적인 침묵

대화 중 찾아오는 정적을 억지로 메우려 하지 마세요. 서로의 고른 호흡을 느끼며 흐르는 고요함 속에서 텍스트가 담지 못하는 안도감을 경험하십시오.

무필터 대면

중요한 대화일수록 AI 비서의 추천 문구를 끄고, 당황하고 머뭇거리는 당신의 실제 목소리와 표정을 상대에게 보여주세요.

효율성의 날카로운 칼날로 소중한 이와의 관계를 난도질하지 마십시오. 당신의 가치는 서버에 기록된 로그 데이터가 아니라, 지금 이 순간 누군가와 나누는 '비효율적인 시간의 낭비' 속에 깃들어 있습니다. AI가 요약할 수 없는 긴 수다와 해석이 필요 없는 고요한 침묵을 허용할 때, 당신은 비로소 측정 불가능한 인간적 온기를 온전히 회복하게 될 것입니다.

느슨한 연대와 단단한 독립
혼자 있을 수 있는 사람만이 함께할 수 있다

모든 것이 그물망처럼 얽힌 초연결 사회인 2026년, 우리는 역설적으로 그 어느 시대보다 지독한 '관계의 빈곤'을 겪고 있습니다.

스마트폰 화면 속에는 수백 개의 SNS 그룹이 있고, 인공지능이 분류한 맞춤형 단체 채팅방의 알림은 밤낮없이 울려 대지만, 정작 마음 깊은 곳의 공허함과 고독을 온전히 털어놓을 곳은 찾지 못합니다.

수만 개의 '좋아요' 속에서도 우리는 왜 여전히 외로운 것일까요? 이는 우리가 스스로 '독립'하지 못한 채, 오로지 '연결' 그 자체에만 집착하며 내면의 뿌리를 타인이 보내는 데이터와 반응에 내맡기고 있기 때문입니다. 진정한 의미의 연대는 각자가 독립된 주체로서 단단하게 서 있을 때 비로소 피어나는 꽃입니다.

데이터에 위탁한 정서적 의존증

현대인의 많은 관계는 이 '독립'의 부재로 인해 병들어갑니다. 무리에서 소외될까 두려워 타인의 취향에 억지로 자신을 맞추고, 최신 유행하는 밈meme이나 실시간 트렌드를 놓치지 않기 위해 원치 않는 접속을 강박적으로 이어갑니다. 예를 들어, 퇴근 후에도 단체 채팅방의 시시콜콜한 대화에 끊임없이 리액션을 남겨야만 안심하는 모습은 소통이 아닌 '감시와 생존'에 가깝습니다.

스스로를 돌보고 고독을 즐길 줄 아는 '단단한 독립'이 결여된 관계는 서로의 정서적 에너지를 갉아먹는 상호의존에 불과합니다. 홀로 있는 고요함을 견디지 못하는 사람은 결국 타인을 자신의 외로움을 달래기 위한 소모

적인 도구로 이용하게 됩니다. 내가 나로서 온전하지 못
할 때, 타인은 그저 나의 결핍을 메우기 위한 '기능적 존
재'로 전락하고 맙니다.

※ 3개 이상 해당한다면, 당신은 연결망에 자아를 저당 잡
힌 채 독립성을 잃어가는 상태입니다.

불완전함의 축복

구걸이 아닌 '나눔'으로서의 관계

반면, 의도적인 로그아웃을 통해 고독의 가치를 발견한 사람은 타인을 나의 결핍을 채워줄 수단이 아닌, 있는 그대로의 '존중 대상'으로 대하게 됩니다.

여기서 2026년식 관계의 지혜인 '느슨한 연대'가 등장합니다. 이는 서로의 일거수일투족을 실시간으로 감시하듯 공유하고 즉각 응답해야 한다는 디지털 강박에서 완전히 벗어나는 관계를 말합니다.

로그아웃 시간의 존중

친구가 몇 시간 동안 메시지를 확인하지 않더라도 "무슨 일 있어?"라고 재촉하는 대신, "그가 지금 자신만의 시간을 즐기며 내면을 채우고 있구나."라며 그의 고독을 축복해 주는 마음입니다.

여백의 미학

며칠간의 단절이 곧 관계의 종말이 아니라, 각자의 삶을 충실히 살아낸 뒤 다시 만났을 때 나눌 이야기를 풍성하게 만드는 숙성의 시간임을 신뢰하는 태도입니다.

이러한 느슨함과 여백이야말로 숨 막히는 디지털 세상 속에서 관계를 숨 쉬게 만드는 허파 역할을 합니다. 우리가 각자의 자리에서 단단하게 홀로 설수록, 우리의 연대는 오히려 더 유연하고 강력해집니다.

고독의 힘을 기르는 로그아웃의 리추얼

'로그아웃의 품격'은 내가 나의 가장 좋은 친구가 되어 스스로의 내면을 돌볼 때 비로소 완성됩니다. 혼자 있을 수 있는 능력은 역설적으로 '누군가를 진정으로 사랑할 수 있는 능력'의 필수 전제 조건입니다. 다음과 같은 작은 실천들로 독립된 자아를 회복해 보세요.

나의 공간, 나의 호흡

스마트폰을 다른 방에 두고, 오직 자신의 숨소리에만 집중하는 시간을 단 10분이라도 가져보세요. 외부의 소음이 차단될 때 비로소 내면의 목소리가 들리기 시작합니다.

의도적 거리두기

모든 부름에 즉각 응답하지 않아도 됩니다. "지금은 나만의 시간이야."라고 정중히 거절하는 연습이 타인과의 만남을 더욱 가치 있게 만듭니다.

정서적 자립 연습

타인의 '좋아요'가 없어도 내가 만족하는 활동을 찾아보세요. 기록되지 않는 즐거움이 당신의 자존감을 단단하게 지탱해 줄 것입니다.

당신의 가치는 누군가와의 연결망 위에 위태롭게 서 있지 않습니다. 그것은 지금 이 순간 당신이 홀로 감내하는 고독의 깊이, 그리고 그 시간을 통해 빚어낸 단단한 자아 속에 깃들어 있습니다. 독립된 나로서 충분할 때, 우리의 관계는 결핍을 채우기 위한 절박한 몸부림이 아니라 각자의 풍요를 나누는 즐거운 축제가 될 것입니다.

타인의 타자성 인정하기
데이터로 정의되지 않는 타인이라는 우주

2026년의 알고리즘은 타인을 살아있는 생명체가 아닌, 하나의 정교한 '프로필'로 박제합니다.

인공지능은 그 사람의 거주지와 자산 규모, 선호하는 소비 브랜드, 심지어는 SNS 활동을 통해 유추한 정치적 성향과 심리적 취약점까지 분석합니다. 그리고 이내 '나와 어울리는 사람' 혹은 '거리를 두어야 할 사람'이라는 등급을 매겨 우리에게 제안합니다.

우리는 이제 누군가를 직접 만나 겪어보기도 전에, 스

마트폰 화면에 띄워진 데이터화된 정보를 통해 상대를 이미 정의하고 판단해버립니다. 하지만 인간이라는 존재는 결코 몇 가지 키워드와 숫자들의 조합으로 요약될 수 있는 단순한 함수가 아닙니다. 효율성이라는 미명 아래 타인을 '검색 가능한 대상'으로만 취급할 때, 우리는 상대의 진면목을 발견할 기회를 영영 박탈당하게 됩니다.

데이터가 삭제한 타인의 입체성

로그아웃의 관계학에서 가장 중요한 철학은 타인의 '타자성(Otherness)'을 온전히 인정하는 것입니다. 타자성이란, 상대방이 나의 예측과 이해의 범위를 완전히 벗어나 있는 고유하고 광활한 우주임을 기꺼이 받아들이는 태도입니다. 내가 보고 싶은 모습만 필터링해서 보거나, 알고리즘이 분류해준 카테고리 안에 상대를 가두고 예단하지 않는 것입니다.

우리는 종종 타인을 나의 확장을 위한 수단이나, 내 생각의 복제품으로 만들려 하는 유혹에 빠집니다. 특히, 나와 비슷한 취향과 의견만 반복적으로 보여주는 '필터 버블Filter Bubble' 속에서 살다 보면, 나와 결이 다른 타인의 존재 자체를 불편함이나 위협으로 느끼기 쉽습니다. 하지만 진정한 배움과 영혼의 성장은 나와 닮은 사람과의 안주함이 아니라, 나와 다른 타인과의 낯선 충돌에서 발생합니다.

[사례 1] '반대 성향' 라벨 뒤에 숨겨진 인간미

AI 프로파일링

"정치적 신념 극단적 상극, 갈등 지수 95%. 대화 시 효율성 급감 예상."

실제 대화의 경험

우연히 마주 앉아 대화하다 보니, 그가 왜 그런 신념을 가졌는지에 얽힌 눈물 어린 가족사나, 논리로는 설명되지 않는 따뜻한 인간미를 발견함.

결과

데이터는 '차단'을 권했지만, 실제 만남은 '확장'을 선물했습니다.

※ 3개 이상 해당한다면, 당신은 타인의 무한한 우주를 좁은 텍스트 상자 속에 가두고 있는 상태입니다.

불완전함의 축복
충돌이 빚어내는 삶의 온기

데이터가 읽어내지 못하는 상대의 모순적인 행동, 내 예상을 보기 좋게 빗나가는 반응, 그리고 알고리 즘은 '오류'라고 판단할 법한 상대의 갑작스러운 취향 변화를 마주할 때, 우리는 비로소 기계가 아닌 '진짜 사람'과 마주하고 있음을 생생히 체감합니다.

전시된 프로필은 정지되어 있지만, 살아 있는 사람은 끊임없이 꿈틀대며 변화합니다. 상대의 투박한 한마디, 찰나의 흔들리는 표정을 알고리즘의 잣대 없이 그대로 응시하고 받아들이는 연습이 필요합니다. "이 사람은 이런 유형일 거야."라고 정의하려는 오만한 욕심을 내려놓고, 그가 가진 무한한 가능성의 여백을 열어두어야 합니다.

타인의 신비를 존중하는 로그아웃의 리추얼

'로그아웃의 관계학'은 타인을 데이터의 집합이 아닌, 깊이를 알 수 없는 신비 그 자체로 대할 때 비로소 완성됩니다. 다음과 같은 작은 실천들이 그 시작이 될 수 있습니다.

예측하지 않기

상대를 만나기 전 미리 정보를 검색하지 마세요. 아무런 데이터 없이 오직 눈앞의 표정과 목소리로 상대를 탐험하는 즐거움을 되찾으십시오.

모순을 허용하기

상대가 어제와 다른 말을 하거나 예상 밖의 모습을 보

여도 당황하지 마세요. 그것이 바로 그가 살아 있다는 증거이자, 데이터가 포착할 수 없는 인간만의 고유한 리듬입니다.

편견 비우기

내 마음속의 필터 버블을 터뜨리세요. 나와 가장 먼 곳에 있는 사람의 이야기에 귀 기울일 때, 나의 우주 또한 비로소 넓어지기 시작합니다.

타인이라는 거대한 우주를 향해 자신의 편견을 비우고 겸허하게 손을 내미는 것, 그것이 기술이 인간을 정의하는 2026년에 우리가 반드시 회복해야 할 인격적 관계의 정점입니다.

페르소나의 가면을 벗고 민낯의 자유를 선택하듯, 타인의 민낯 또한 있는 그대로 안아주십시오. 그것이 바로 가장 품격 있는 삶의 방식입니다.

5장

로그인의 품격

다시 연결될 때 가져가야 할 것들

도구가 아닌 주인이 되는 법

AI 비서와
'적당한 거리'를 유지하는 가이드라인

로그아웃의 여정은 기술을 영원히 등지기 위한 절차가 아닙니다.

오히려 우리 삶에 깊숙이 들어온 기술을 '어떻게 다시 받아들일 것인가'를 결정하는 주도권 회복의 과정입니다. 2026년의 문명 속에서 AI를 완전히 배제하고 사는 것은 불가능에 가깝고, 그것이 반드시 현명한 선택도 아닙니다.

문제는 기술의 유무가 아니라, 기술과 나 사이의 '권력 관계'입니다.

우리가 다시 '로그인'의 세계로 돌아갈 때 가장 먼저 챙겨야 할 무기는 바로 AI 비서와 적당한 거리를 유지하며 도구의 주인으로 서는 태도입니다. 편리함이라는 달콤한 유혹에 빠져 내 삶의 운전대를 알고리즘에 통째로 맡겨버린 것은 아닌지 돌아봐야 합니다.

데이터에 위탁한 선택의 주도권

우리는 그동안 편리함이라는 이름 아래 너무 많은 결정권을 AI에게 넘겨주었습니다. 아침에 일어나는 시간부터 점심 메뉴, 심지어 소중한 이에게 보낼 안부인사의 문구까지 AI의 추천에 의존해 왔습니다. 이러한 상태가 지속되면 인간의 뇌는 '선택의 근육'을 잃어버립니다.

스스로 판단하고 결정하는 과정에서 발생하는 시행착오와 고민이 사라지면, 자아는 서서히 알고리즘이 빚어놓은 틀 안에 갇히게 됩니다. 주인이 된다는 것은 AI가 제시하는 '최적의 정답'이 나에게 항상 '최선의 가치'는 아닐 수 있음을 깨닫는 데서 시작합니다. 시스템이 제안하는 경로가 아닌, 때로는 멀리 돌아가더라도 내가 직접 선택한 길에서만 발견할 수 있는 삶의 풍경이 있기 때문입니다.

☐ AI 비서의 추천 리스트를 확인하기 전, 내가 무엇을 원하는지 먼저 자문한다.

☐ 중요한 감정적 결정(사과, 고백 등)을 할 때 AI 추천 문구를 빌 리지 않는다.

☐ 알고리즘이 추천하지 않은 새로운 분야의 콘텐츠를 의도적으로 직접 찾아본다.

☐ AI가 제안한 '효율적 경로'보다 나의 '직관'이나 '기분'을 따를 때가 있다.

☐ 기술적 도움 없이도 하루의 주요 계획을 스스로 설계하고 결정할 수 있다.

※ 3개 이상 해당한다면, 당신은 기술에 잠식되지 않고 주도권을 쥐고 있는 상태입니다.

불완전함의 축복
의도적 불편함의 가치

AI 비서를 '명령하는 상사'가 아닌 '참고용 비서'로 재정의해야 합니다.

2026년의 AI는 우리보다 데이터를 더 많이 알고 있을지는 몰라도, 우리가 느끼는 '지금 이 순간의 감정적 결'까지 알지는 못합니다. AI가 "오늘은 피곤하니 휴식을 취하세요."라고 제안할 때, 무조건 따르기보다 스스로의 몸 상태를 한 번 더 체크해 보는 여유가 필요합니다.

또한, 기술의 사용에 '의도적 불편함'이라는 장치를 설계해야 합니다.

모든 것을 자동화하는 대신, 삶의 핵심적인 부분은 여전히 내 손과 머리를 거치도록 남겨두는 것입니다. 예를 들어, 중요한 기획안의 아이디어는 AI의 요약 기능을 빌리지 않고 직접 긴 글을 읽으며 도출하거나, 사랑하는 사람과의 대화만큼은 AI의 문장 교정 기능을 끄고 서툴더라도 내 진심이 담긴 단어를 직접 고르는 연습입니다. 효율성이 떨어지는 이 '지체'의 시간이야말로 기술이 침범할 수 없는 인간만의 존엄한 영역입니다.

주체적 연결을 향한 로그인의 리추얼

'로그인의 품격'은 '언제든지 다시 로그아웃할 수 있다는 자신감'에서 나옵니다. 다음과 같은 작은 실천들이 기술의 노예에서 주인의 자리로 우리를 되돌려 놓을 것입니다.

기술의 블랙아웃 존Blackout Zone

식사 시간, 잠들기 1시간 전, 혹은 소중한 사람과 대화하는 동안에는 모든 연결을 물리적으로 차단하십시오. 기술이 나를 부를 때 응답하는 것이 아니라, 내가 필요할 때만 기술을 부르는 관계를 정립하는 것입니다.

직관의 우선순위

알고리즘의 추천 목록보다 내 마음속 깊은 곳에서 울리는 작은 직관에 더 높은 가치를 두십시오. 기계가 계산할 수 없는 '인간적인 변덕'이야말로 우리를 살아 있게 합니다.

아날로그의 여백

모든 것을 디지털 로그로 남기려 애쓰지 마세요. 아무런 데이터도 남지 않는, 오직 당신의 기억 속에만 저장되는 순수한 경험의 시간을 확보하십시오.

기술은 당신의 삶을 보조하는 화려한 배경일 뿐, 그 무대의 주인공은 여전히 고뇌하고 선택하며 살아가는 '당신'이어야 합니다. 주인으로서 로그인하는 순간, 기술은 더 이상 감옥이 아니라 당신의 가능성을 확장하는 진정

한 도구가 될 것입니다. 그것이 바로 기술 과잉의 시대에
우리가 지켜내야 할 가장 품격 있는 삶의 방식입니다.

나만의 로그아웃 리추얼
매일 1시간, 나를 보호하는 성역 만들기

2026년의 하루는 마치 거대한 파도에 휩쓸려 가는 것과 같습니다.

눈을 뜨는 순간부터 알고리즘이 설계한 정보의 파편들이 쏟아지고, 우리는 그 속에서 허우적대며 하루를 보냅니다. 정신을 차려보면 어느덧 밤이 깊어 있고, 손에는 여전히 빛나는 스크린이 들려 있습니다.

이 쉼 없는 연결의 굴레 속에서 나를 지키는 유일한 방법은 물리적 단절을 넘어선 심리적 방어선, 즉 '나만의 로그아웃 리추얼'을 구축하는 것입니다. 리추얼Ritual은 단순한 습관과는 다릅니다. 그것은 일상의 한순간을 성스러운 시간으로 격상시켜, 흐트러진 자아를 다시 중심에 세우는 의식입니다.

장소의 성역화와 아날로그의 성소

리추얼의 핵심은 '장소의 성역화'와 '시간의 구획'입니다.

2026년의 집은 더 이상 안전한 휴식처가 아닙니다. 모든 가전이 네트워크로 연결되어 있고, 거실의 벽면 전체가 스크린인 세상에서 기술은 끊임없이 우리를 호출합니다. 그래서 우리는 의도적으로 '아날로그의 성소'를 지정해야 합니다.

거실의 작은 1인용 소파, 혹은 침실 한구석의 독서등 아래처럼 '이곳에 앉는 순간만큼은 모든 기기를 멀리한다'는 규칙을 세우는 것입니다. 그 공간만큼은 2026년의 초연결 사회에서 잠시 떨어져 나온 1990년대의 고요함을 유지해야 합니다. 물리적인 경계가 명확할 때, 우리의 뇌는 비로소 긴장을 풀고 '비접속 상태'의 안도감을 받아들입니다.

[사례 1] 2026년형 '디지털 격리 박스'의 활용

상황

퇴근 후에도 끊임없이 울리는 업무 알림과 SNS 피드 때문에 집에서도 쉬는 것 같지 않음.

리추얼

현관에 예쁜 목재 상자를 두고, 귀가와 동시에 스마트폰과 스마트워치를 그 안에 봉인함.

효과

기기가 눈앞에서 사라지는 순간, 시각적 유혹이 차단되며 비로소 가족의 얼굴과 집안의 풍경이 보이기 시작함.

당신만의 성역이 있나요?

☐ 하루 중 최소 30분 이상 스마트폰을 다른 방에 두고
머무는 시간이 있다.

☐ 집 안에 '기술의 간섭이 전혀 없는' 나만의 아날로그 전
용 공간이 있다.

☐ 로그아웃을 시작할 때 나만의 고유한 행위(차 마시기,
향 피우기 등)를 한다

☐ 알림이 오지 않아도 불안해 하지 않고 현재의 감각에
집중할 수 있다.

☐ 화면 속의 빛이 아닌 자연광이나 은은한 조명 아래서
시간을 보낸다.

※ 3개 이상 해당한다면, 당신은 디지털 홍수 속에서도 자
신을 지킬 수 있는 튼튼한 방주를 가진 사람입니다.

가장 권장하는 시간대는 하루의 시작과 끝, 그 사이의 '경계의 시간'입니다. 특히 잠들기 전 1시간의 리추얼은 영혼의 노폐물을 씻어내는 정화의 시간이어야 합니다. 모든 스마트 기기를 '수면 모드'가 아닌 물리적인 '차단 박스'에 넣는 것부터 시작하십시오.

이때 하는 활동은 지극히 비효율적이고 감각적이어야 합니다. 종이책의 질감을 느끼며 한 문장씩 소리 내어 읽거나, 그날의 감정을 기록하는 일기를 쓰는 것, 혹은 아무런 음악 없이 차 한 잔의 온기에 집중하는 일입니다. 이

1시간 동안 뇌는 비로소 '처리해야 할 데이터'가 없는 자유를 만끽하며, 내면의 세계를 재건하기 시작합니다.

[사례 2] 밤 10시의 '종이와 펜' 리추얼

행위

화면 타이핑 대신, 거친 종이 위에 만년필로 오늘 느꼈던 세 가지 감사를 적음.

변화

처음에는 메시지를 확인하고 싶은 금단현상이 오지만, 사각거리는 펜 소리에 집중하며 호흡이 고르게 변함.

가치

데이터로 기록되는 '로그'가 아니라, 오직 나만이 간직하는 '기억'의 층위를 쌓는 과정입니다.

신체적 신호와 결합된 강력한 리추얼

리추얼은 또한 '신체적 신호'와 결합 될 때 더욱 강력해집니다. 로그아웃을 시작할 때 특정한 향을 피우거나, 손을 깨끗이 씻거나, 편안한 옷으로 갈아입는 등의 행위는 뇌에게 "이제부터는 나만의 시간이다."라는 강력한 신호를 보냅니다. 이 신호가 반복되면 우리 몸은 특정 행동만으로도 즉각적인 평온 상태에 진입하게 됩니다.

매일 1시간, 이 성역에 머무는 동안 당신은 더 이상 데이터의 숫자로 치환되는 존재가 아닙니다. 당신은 그저 차의 향기를 맡고, 종이의 감촉을 느끼며, 자신의 호흡 소리를 듣는 고귀한 생명체로서 존재할 뿐입니다. 이 1시간의 리추얼이 단단하게 뿌리 내릴 때, 당신은 나머지 23시간의 로그인된 삶을 견뎌낼 수 있는 거대한 내면의 힘을 얻게 됩니다.

로그아웃 리추얼은 세상을 등지는 문이 아니라, 더 단단해진 나로 세상과 마주하기 위한 충전의 문입니다. 오늘부터 당신만의 성소를 정하고, 그곳에서 기술이 침범할

수 없는 영혼의 자유를 선언하십시오. 당신의 가치는 서
버의 트래픽이 아닌, 이 고요한 1시간의 깊이에서 증명됩
니다.

느슨한 연대와 단단한 독립
혼자 있을 수 있는 사람만이 함께할 수 있다

모든 것이 그물망처럼 얽힌 초연결 사회인 2026년, 우리는 역설적으로 그 어느 시대보다 지독한 '관계의 빈곤'을 겪고 있습니다. 스마트폰 화면 속에는 수백 개의 SNS 그룹이 있고, 단체 채팅방의 알림은 밤낮없이 울려대지만, 정작 마음 깊은 곳의 공허함과 고독을 온전히 털어놓을 곳은 찾지 못합니다.

수만 개의 '좋아요' 속에서도 우리는 왜 여전히 외로운 것일까요? 이는 우리가 스스로 '독립'하지 못한 채, 오로지 '연결' 그 자체에만 집착하며 내면의 뿌리를 타인에게 내맡기고 있기 때문입니다. 진정한 의미의 연대는 각자가 독립된 주체로서 단단하게 서 있을 때 비로소 피어나는 꽃입니다.

데이터에 위탁한 정서적 의존증

현대인의 많은 관계는 이 '독립'의 부재로 인해 병들어갑니다. 무리에서 소외될까 두려워 타인의 취향에 억지로 자신을 맞추고, 최신 유행하는 밈meme이나 트렌드를 놓치지 않기 위해 원치 않는 접속을 강박적으로 이어갑니다.

예를 들어, 퇴근 후에도 단체 채팅방의 시시콜콜한 대화에 끼어들어야만 안심하는 모습은 소통이 아닌 '감시와 생존'에 가깝습니다. 내가 접속해 있지 않은 동안 나를 제외한 타인들이 어떤 데이터를 생성하고 있는지에 대한 공포(FOMO)는 우리를 끊임없는 스트리밍 상태로 몰아넣습니다. 스스로를 돌보고 고독을 즐길 줄 아는 '단단한 독립'이 결여된 관계는 서로의 정서적 에너지를 갉아먹는 상호 의존에 불과합니다. 홀로 있는 고요함을 견디지 못하는 사람은 결국 타인을 자신의 외로움을 달래기 위한 '소모적인 필터'로 이용하게 되기 때문입니다.

불완전함의 축복
구걸이 아닌 '나눔'으로서의 관계

반면, 의도적인 로그아웃을 통해 고독의 가치를 발견한 사람은 타인을 '나의 결핍을 채워줄 수단'이 아닌, 있는 그대로의 '존중 대상'으로 대하게 됩니다. 여기서 2026년식 관계의 지혜인 '느슨한 연대'가 등장합니다. 이는 서로의 일거수일투족을 실시간으로 감시하듯 공유하고 즉각 응답해야 한다는 디지털 강박에서 완전히 벗어나는 관계를 말합니다.

로그아웃 시간의 존중

친구가 몇 시간 동안 메시지를 확인하지 않더라도 "무슨 일 있어?"라고 재촉하는 대신, "그가 지금 자신만의 시간을 즐기며 내면을 채우고 있구나."라며 고독을 축복해 주는 마음입니다.

여백의 미학

며칠간의 단절이 곧 관계의 종말이 아니라, 다시 만났을 때 나눌 이야기를 풍성하게 만드는 숙성의 시간임을 신뢰하는 태도입니다.

이러한 느슨함과 여백이야말로 숨 막히는 디지털 세상 속에서 관계를 숨 쉬게 만드는 허파 역할을 합니다. 우리가 각자의 자리에서 단단하게 홀로 설수록, 우리의 연대는 오히려 더 유연하고 강력해집니다.

민낯의 자유를 향한 로그아웃의 리추얼

혼자 있을 수 있는 능력은 역설적으로 '누군가를 진정

으로 사랑할 수 있는 능력'의 필수 전제조건입니다. 내가 나의 가장 좋은 친구가 되어 스스로의 내면을 돌볼 때, 우리는 타인에게 정서적 구걸을 하지 않게 됩니다. 그때부터의 관계는 나의 부족함을 채우기 위한 절박한 행위가 아니라, 이미 충만한 각자의 풍요를 나누는 즐거운 축제가 됩니다.

지금 당신의 방에 홀로 앉아 있는 그 고요한 시간을 사랑하십시오. 다음과 같은 작은 실천들이 영혼의 근력을 키우는 시작이 될 것입니다.

침묵의 방

하루 30분, 모든 디지털 기기를 끄고 오직 자신의 호흡 소리에만 귀를 기울여 보세요.

나를 위한 대접

누군가에게 보여주기 위한 사진을 찍지 않고, 오직 나만의 미각을 위해 정성스러운 식사를 준비해 보십시오.

독립적 사유

알고리즘의 추천이 아닌, 내가 직접 고른 책의 책장을 넘기며 나만의 문장을 사유하는 시간을 가지십시오.

스마트폰을 내려놓고 자신의 호흡에 집중하는 그 단단한 독립심이야말로, 다시 세상이라는 연결망으로 나갔을 때 타인과 가장 아름답게 어우러질 수 있는 영혼의 근력이 될 것입니다. 독립된 나로서 충분할 때, 비로소 우리는 타인과 함께일 때 더 눈부실 수 있습니다.

인간다운 고유함
인공지능이 끝내 복제할 수 없는 나만의 결

2026년의 기술은 인간의 '완벽함'을 지향합니다. 인공지능은 우리가 실수할 법한 문장을 교정하고, 우리가 잊어버릴 만한 약속을 기억하며, 심지어 우리가 가장 매력적으로 보일 수 있는 표정까지 실시간으로 렌즈에 덧씌워 줍니다. 이 매끄럽고 결점 없는 세계에서 '오류'는 제거되어야 할 버그에 불과합니다.

그러나 역설적이게도 기술이 완벽해질수록 우리는 형언할 수 없는 공허함을 느낍니다. 모든 것이 최적화된 결과물들 사이에서, 정작 사람의 냄새와 생명력이 느껴지는 '고유함'은 증발해 버렸기 때문입니다. 가상 세계의 해상도는 높아졌지만, 정작 그 안을 채우는 자아의 밀도는 그 어느 때보다 희박해졌습니다.

데이터가 삭제한 인간의 '거친 질감'

우리가 로그아웃의 긴 여정을 거쳐 마지막으로 마주해야 할 진실은, 인공지능이 끝내 복제할 수 없는 인간의 위대함이 바로 우리의 '불완전함'과 '비정형성'에 있다는 사실입니다.

알고리즘은 통계와 확률을 통해 가장 그럴듯한 평균값을 도출해 냅니다. 하지만 인간의 삶은 통계로 설명되지 않는 의외성과 편향, 그리고 데이터로 환산할 수 없는 깊은 상처들로 이루어져 있습니다.

인간의 고유함은 효율적인 정답이 아니라, '비효율적인 진심'에서 피어납니다.

인공지능은 1초 만에 위로의 시를 쓸 수 있지만, 사랑하는 이를 잃고 밤새 눈물로 베개를 적셔본 경험은 없습니다. 알고리즘은 가장 아름다운 노을의 사진을 합성해낼 수 있지만, 그 노을을 바라보며 인생의 덧없음을 느끼고 문득 누군가에게 전화를 걸고 싶어지는 그 먹먹한 감정의 층위는 알지 못합니다. 데이터는 '현상'을 수집하지만, 오직 인간만이 그 현상에 '의미'를 부여합니다.

당신은 기계와 무엇이 다른가요?

□ AI가 추천하는 '최단 경로' 대신, 마음이 이끄는 '골목
   길'을 선택해 본 적이 있다.

□ 매끄럽게 교정된 문장보다 내 감정이 투박하게 담긴
   맞춤법 틀린 편지가 더 소중하다.

□ 유행하는 트렌드와는 정반대지만, 내가 정말로 아끼는
   낡고 오래된 물건이 있다.

□ 효율성을 생각하면 낭비 같지만, 오직 내 마음의 평화
   를 위해 공들이는 리추얼이 있다.

□ 실수나 결점을 데이터 오류로 여기지 않고, 내 성장의
   소중한 기록으로 받아들인다.

※ 3개 이상 해당한다면, 당신은 알고리즘이 흉내 낼 수
   없는 깊고 고유한 '결'을 간직한 인간입니다.

불완전함의 축복

오답이 만드는 예술

로그인의 세상으로 다시 돌아가는 우리가 가져가야 할 태도는 자신의 '결'을 부끄러워하지 않는 용기입니다. 인공지능이 추천하는 매끄러운 정답 대신, 때로는 나의 서툰 판단을 믿어보는 모험이 필요합니다. 고유함은 또한 '맥락의 힘'에서 나옵니다. 알고리즘은 현재의 데이터만을 보지만, 인간은 자신의 과거와 현재, 그리고 꿈꾸는 미래라는 거대한 서사 속에서 존재합니다.

내가 오늘 선택한 낡은 레코드판 한 장, 내가 우연히 멈춰 선 헌책방의 공기, 내가 고집스럽게 사용하는 손때 묻은 만년필….

이 사소한 취향의 파편들이 엮여 나만의 고유한 문체가 되고, 나만의 독보적인 분위기가 됩니다. 당신의 슬픔은 데이터 오류가 아니라 깊은 공감의 통로이며, 당신의 방황은 시스템의 지체가 아니라 새로운 길을 찾는 탐험입니다.

[사례: 2026년의 대체 불가능한 순간]

기술의 영역

AI 비서가 내 건강 상태를 분석해 "오늘 저녁은 9시에 취침하는 것이 효율적"이라고 조언함.

인간의 고유함

조언을 무시한 채, 쏟아지는 밤하늘의 별을 보며 친구와 밤새 영원과 사랑에 대해 논쟁함. 다음 날 몸은 조금 피곤할지라도 영혼은 충만한 상태.

가치

효율은 잃었지만, 삶의 '기억'을 얻었습니다. 기계는 피로를 관리하지만, 인간은 고통을 뚫고 의미를 낚아올립니다.

민낯의 자유를 향한 인격적 승리

인간다운 고유함이란 결국 "나답게 살겠다"는 의지에서 비롯됩니다.

기술의 홍수 속에서도 휩쓸리지 않고, 나만의 속도와 나만의 방향을 고수하는 사람에게서는 기계가 흉내낼 수 없는 은은한 품격이 배어나옵니다. 당신의 불완전함을 사랑하십시오. 당신의 비효율적인 진심을 지키십시오.

이제 우리는 다시 연결의 시대로 복귀합니다.

하지만 이전과는 다릅니다. 우리는 이제 알고리즘이 건네는 안락한 가이드라인에 영혼을 맡기지 않을 것입니다. 대신, 기계가 매끄럽게 깎아버리려 했던 나만의 거친 면들을 소중히 간직한 채 살아갈 것입니다. 당신의 결이 살아 있는 한, 인공지능이 지배하는 2026년의 세상에서도 당신은 대체 불가능한 단 하나의 우주로 남을 것입니다. 그것이 바로 우리가 로그아웃을 통해 얻은 가장 고귀한 승리입니다.

다시, 나를 만날 시간

전원을 끄는 순간, 진짜 삶의 전원이 켜진다

이제 우리는 이 책의 마지막 장을 덮으려 합니다. 2026년이라는 거대한 디지털의 파도 속에서 우리는 감각을 재활하고, 고독의 성소를 구축하며, 알고리즘의 안락한 가두리 양식장을 탈출하는 법을 함께 고민해 왔습니다. 처음 이 책을 펼쳤을 때 당신의 마음을 짓눌렀던 그 기묘한 피로감, 즉 모든 것이 연결되어 있으나 정작 나 자신과는 단절되어 있다는 그 감각이 이제는 조금 선명해졌기를 바랍니다.

로그아웃의 여정은 결코 기술을 부정하거나 문명을 등

지고 숲으로 들어가는 도피가 아니었습니다. 그것은 기술이라는 거대한 기계 장치의 톱니바퀴로 전락해버린 인간의 자리를 다시 '주인'의 자리로 되돌려 놓는 존엄의 회복 과정이었습니다. 우리는 기계가 꺼진 정적 속에서야 비로소 내면의 작은 떨림을 들었고, 스크린의 화려한 픽셀을 거두어내고 나서야 눈앞에 실존하는 타인의 눈동자를 응시할 수 있었습니다.

2026년의 세상은 여전히 우리에게 '로그인'할 것을 강요할 것입니다. AI 비서는 더 정교한 목소리로 당신의 취향을 설계하려 들 것이고, 소셜 미디어는 당신의 일상을 박제하라고 끊임없이 알림을 보낼 것입니다. 하지만 이 책을 마친 당신은 이전과는 다른 사람입니다. 이제 당신은 전원을 끄는 행위가 사회적 낙오가 아니라, 내면의 전원을 켜는 가장 적극적인 생존 전략임을 알고 있기 때문입니다.

진정한 삶은 데이터가 닿지 않는 곳, 즉 알고리즘이 '노이즈'라고 부르며 버렸던 그 사소하고 무용한 순간들에 살고 있습니다. 비효율적인 산책, 목적 없는 대화, 정답을 알 수 없는 고민, 그리고 손끝으로 전해지는 사물의 거친 질감들. 이러한 것들은 결코 서버에 저장되지 않지만, 당신이라는 사람을 구성하는 가장 단단한 뼈대가 됩니다. 당신의 삶은 0과 1의 조합으로 요약될 수 있는 정보가 아니라, 매 순간 새롭게 쓰이는 단 하나의 서사입니다.

이제 책장을 덮고 고개를 들어 주위를 둘러보십시오.
지금 당신 곁에 있는 공기의 온도, 창밖으로 지나가는 이름 모를 사람들의 발걸음 소리, 그리고 당신의 가슴 속에서 일정하게 울리는 심장 박동에 집중해 보십시오. 그곳에 진짜 당신이 있습니다. 당신의 2026년이 예측 가능한 알고리즘의 추천보다, 가슴 설레는 의외성과 손끝으로 느껴지는 생생한 물성으로 가득하기를 소망합니다.

우리는 다시 연결의 세계로 돌아가겠지만, 이제는 길을 잃지 않을 것입니다. 우리 안에는 로그아웃을 통해 발견한 '고요한 북극성'이 있기 때문입니다. 타인의 시선이라는 조명을 끄고 나 자신이라는 유일한 빛으로 걸어가는 법을 배운 당신은, 이제 어떤 기술의 숲에서도 주인으로 존재할 수 있습니다.

전원을 끄는 그 짧은 찰나의 결단이 당신의 삶을 영원히 깨어 있게 할 것입니다. 당신의 품격 있는 로그아웃, 그리고 그보다 더 눈부시고 주체적인 '새로운 로그인'을 진심으로 응원합니다. 당신의 진심은 오직 당신만이 알고 있으며, 그 진심이야말로 이 기술의 시대에 남겨진 마지막 신비입니다.

이제, 당신의 진짜 삶으로 돌아갈 시간입니다.

언플러그

지은이   노동형

발행일   2026년 3월 27일 초판 1쇄

펴낸이   양근모

펴낸곳   도서출판 청년정신

출판등록 1997년 12월 29일 제 10-1531호

주　소   경기도 파주시 경의로 1068, 602호

전　화   031) 957-1313 팩스 031) 624-6928

이메일   pricker@empas.com

ISBN   978-89-5861-260-5 (13320)